LA GLOIRE DE CHRIST

John Owen

Pasteur et théologien anglais (1616-1683)

LA GLOIRE DE CHRIST

230, rue Lupien, Trois-Rivières (Québec)
G8T 6W4 Canada

Édition originale en anglais sous le titre :
The Glory of Christ
Prepared by Hervey Mockford
An abridged version of the classic
Meditations on the Glory of Christ
First published in 1684
© 1987 by Grace Publications Trust
7 Arlington Way, London EC1R 1XA England
Reprinted 1996, 2006

Pour l'édition française traduite et publiée avec permission :
La gloire de Christ
© 2014, 2016 Publications Chrétiennes, Inc.
230, rue Lupien, Trois-Rivières (Québec)
G8T 6W4 – Canada
Site Web : www.publicationschretiennes.com
Tous droits réservés.

Traduction : Alexandre Grondin
Révision : Louise Denniss

Les citations bibliques sont extraites de la *Nouvelle Version Segond révisée* (*Colombe*), 1978.

ISBN : 978-2-924773-02-4
Dépôt légal – 4ᵉ trimestre 2016
Bibliothèque et Archives nationales du Québec
Bibliothèque et Archives Canada

« Impact Héritage » est une marque déposée de
Publications Chrétiennes, Inc.

Préface

Le but de ce livre est de montrer comment la Bible décrit la gloire de notre Seigneur Jésus-Christ. Nos esprits sont beaucoup trop simples pour saisir toute la magnificence de sa gloire. Nous ne pourrons donc jamais lui rendre la louange qui lui est due. Mais par la foi, une certaine connaissance de Christ est possible, et préférable à toute autre forme de sagesse ou d'intelligence. L'apôtre Paul affirme : « Et même je considère tout comme une perte à cause de l'excellence de la connaissance du Christ-Jésus, mon Seigneur » (Philippiens 3.8). S'il est vrai que notre bonheur futur se résume à être avec Christ et contempler sa gloire, nous ne pouvons mieux l'anticiper qu'en remplissant aujourd'hui même nos pensées de cette gloire. Nous serons ainsi progressivement transformés en cette gloire.

Nous ne pouvons nous vanter et nous glorifier que de Christ seul, pour les raisons suivantes :

1.　À l'origine, en Adam et Ève, notre nature humaine a été créée à l'image de Dieu, pleine de beauté et de gloire. Malheureusement, le péché a dissipé cette gloire. Notre nature humaine ne ressemblait alors plus du tout à Dieu, car elle en avait perdu l'image. Satan s'est emparé du pouvoir, et si l'humanité avait été abandonnée à une telle condition, elle aurait péri pour l'éternité. Cependant, le Seigneur Christ, le Fils de Dieu, dans sa grande compassion et tout son amour, s'est abaissé et a pris la nature humaine, celle-là même qui, après avoir sombré dans la misère la plus profonde, est maintenant élevée au-dessus de toute la création de Dieu. Car Dieu a établi Christ à sa propre droite dans les lieux célestes, bien au-dessus de toute principauté, puissance, force et domination et de tout nom qui se puisse nommer, non seulement en ce siècle, mais aussi en celui qui est à venir (Éphésiens 1.20-21). Ceux qui ont reçu la foi et la grâce, et qui comprennent donc bien la nature humaine doivent se réjouir, parce que celle-ci a été retirée des profondeurs du péché et exaltée dans la gloire qu'elle a maintenant reçue, en raison de l'honneur donné à Christ.

2. En Christ, la relation entre notre nature et Dieu demeure toujours la même. L'amitié dont nous jouissions au commencement avec Dieu a été rapidement rompue par la chute de l'homme. Les êtres humains sont devenus les ennemis de Dieu. Toutefois, dans sa sagesse et sa grâce, Dieu a eu pour dessein non seulement de rendre à nouveau notre nature semblable à la sienne, mais de le faire de telle façon que toute séparation entre nous et lui soit désormais impossible. Comment ne pas continuellement nous émerveiller du fait que notre nature puisse partager la vie glorieuse de Dieu? La sagesse, la puissance et la bonté du Tout-Puissant ont rendu cela possible en Jésus-Christ. Cette œuvre de Dieu fait partie du mystère de la piété dans lequel les anges désirent plonger le regard (1 Pierre 1.12). Combien pécheurs et insensés sommes-nous de la négliger en laissant vaquer un peu trop nos pensées aux autres choses! La preuve que Dieu a tellement aimé l'humanité est que le Fils de Dieu n'est pas venu sur la terre sous la figure d'un ange, mais sous celle d'un homme, le Christ-Jésus, partageant avec nous une même nature.

3. En Christ, nous voyons qu'il est possible pour notre nature humaine de vivre au ciel. Nos esprits ne parviennent pas à concevoir le nombre des étoiles, ni la distance les éloignant les unes des autres dans le ciel. Comment alors oser supposer que les êtres humains puissent vivre dans un ciel encore plus glorieux que les cieux que nous contemplons? Pourtant, notre nature, en la personne de Jésus-Christ, homme, a pénétré le ciel éternel de lumière et de gloire. Jésus nous a promis qu'où il est, nous y serons pour l'éternité.

Les tentations, les épreuves, les peines, les dangers, les peurs et les maladies sont le lot de la vie présente. Aucun de nos soucis n'est dépourvu d'anxiété et de peine. Mais en considérant la gloire de Christ que nous partagerons, nous pouvons être consolés de tous ces maux et les vaincre. « Nous sommes pressés de toute manière, mais non écrasés; désemparés, mais non désespérés; persécutés, mais non abandonnés; abattus, mais non perdus; [...] C'est pourquoi nous ne perdons pas courage. Et même lorsque notre homme extérieur se détruit, notre homme intérieur se renouvelle de jour en jour. Car un moment de légère affliction produit pour nous au-delà de toute mesure un poids éternel de gloire. Aussi nous regardons, non point aux choses visibles, mais à celles qui sont invisibles; car les choses visibles sont momentanées, et les invisibles sont éternelles » (2 Corinthiens 4.8-9, 16-18). Que sont toutes les choses de cette vie, soit bonnes, soit mauvaises, comparativement à l'avantage que nous procure l'excellente gloire de Christ?

Nos états d'âme nous causent souvent la plus grande anxiété. Le psalmiste se demandait : « Pourquoi t'abats-tu, mon âme, et gémis-tu sur moi? » (Psaume 42.6, 12). Si nous nous concentrons par la foi sur la gloire de Christ, notre esprit troublé et confus trouvera la paix et le repos. Par Christ « nous avons eu par la foi accès à cette grâce, dans laquelle nous demeurons fermes, et nous nous glorifions dans l'espérance de la gloire de Dieu. [...] parce que l'amour de Dieu est répandu dans nos cœurs par le Saint-Esprit qui nous a été donné » (Romains 5.2-5).

Nous pouvons même songer à la mort avec joie lorsque nous arrêtons nos pensées sur la gloire de Christ. Beaucoup vivent dans la crainte de la mort toute leur vie. Comment pouvons-nous vaincre de telles craintes ?

1. Au moment de quitter cette vie, nous devons volontairement remettre nos âmes entre les mains de Celui qui peut les recevoir et les garder. L'âme doit passer dans l'éternité seule, par elle-même. Elle laisse derrière elle, pour toujours, tout ce qu'elle avait

auparavant connu par ses propres sens naturels.

Par conséquent, remettre son âme à Dieu à la façon de Paul doit constituer un acte de foi. « Je sais en qui j'ai cru, et je suis persuadé qu'il a la puissance de garder mon dépôt jusqu'à ce Jour-là » (2 Timothée 1.12). Le Seigneur Jésus-Christ est notre meilleur exemple. Au moment de rendre l'esprit, il a remis son âme entre les mains de Dieu son Père, étant persuadé qu'aucun mal ne lui arriverait. « Aussi mon cœur est dans la joie, […] même mon corps repose en sécurité. Car tu n'abandonneras pas mon âme au séjour des morts, tu ne permettras pas que ton bien-aimé voie le gouffre » (Psaume 16.9-10). Le dernier acte victorieux de la foi a lieu au moment de la mort. L'âme se dit à elle-même : « Tu quittes maintenant le temps et entres dans les choses éternelles, que l'œil naturel n'a point vues, ni l'oreille entendues, et dont le cœur de l'homme n'a pas réussi à imaginer toute l'ampleur. Remets-toi en donc avec tranquillité et confiance à la puissance, la grâce, la vérité et la fidélité souveraines de Dieu, et tu trouveras le repos et la paix. » Jésus-Christ reçoit immédiatement les âmes de ceux qui croient en lui, comme nous le voyons dans le cas d'Étienne. Au moment de mourir, il a dit : « Seigneur Jésus, reçois mon esprit » (Actes 7.59). Rien ne nous prépare mieux à remettre nos âmes entre les mains de Christ au moment de mourir que de goûter chaque jour de nos vies à une mesure de sa gloire, sa puissance et sa grâce.

2.   En tant qu'êtres humains, nous ne sommes pas comme les anges, qui sont de purs esprits qui ne peuvent pas mourir. Nous ne ressemblons pas non plus aux animaux, qui n'ont pas d'âme immortelle. Toutefois, Dieu nous a préparé un corps glorieux pour la résurrection, qui n'aura plus de nature physique : nous serons alors plus semblables aux anges. Mais dans cette vie, il existe une relation si étroite entre l'âme et le corps que nous tentons d'ignorer toute possibilité qu'ils puissent être séparés l'un de l'autre. Comment est-il possible d'être aussi prêt à mourir que l'apôtre Paul, qui a

dit : « j'ai le désir de m'en aller et d'être avec Christ, ce qui est de beaucoup le meilleur » (Philippiens 1.23)? Un tel empressement ne se trouve qu'en regardant par la foi à Christ et à sa gloire, et en étant persuadé qu'être avec lui est beaucoup mieux que la vie présente.

Si nous voulons mourir avec joie, nous devons penser à la façon dont Dieu nous appellera à sortir de la poussière du sépulcre à la résurrection. C'est alors que, par sa force toute-puissante, il nous restaurera non seulement la gloire qu'Adam et Ève avaient à la création, mais nous donnera en plus des bénédictions formidables dépassant notre entendement. Aussi, n'oublions pas que bien que l'âme et le corps de notre glorieux Sauveur aient été séparés à la mort (de la même façon que les nôtres le seront aussi), il possède maintenant une grande gloire. Son exemple peut nous donner de l'espérance.

3.   Nous devons être prêts à accepter l'heure que Dieu a choisie pour notre mort. Comme Moïse, il est possible que nous souhaitions voir un peu plus l'œuvre glorieuse de Dieu à l'égard de son peuple sur cette terre. Comme Paul, nous pouvons penser qu'il est nécessaire pour le bien-être des autres que nous vivions encore un peu. Nous aimerions peut-être voir nos familles mieux établies et régler autant que possible nos soucis personnels. Mais tant que nous ne serons pas prêts à nous abandonner à la volonté de Dieu quant à la mort, nous ne pourrons pas jouir de la paix en ce monde. Nos temps sont en sa main, selon son bon plaisir souverain. Nous devons accepter cette réalité comme étant la meilleure.

4.   Certains ne redoutent pas la mort, mais la façon dont ils vont mourir. Notre vie terrestre pourrait venir à sa fin par une longue période de maladie, de grandes douleurs ou quelque forme de violence. Il serait sage d'être prêts à vivre tout ce que Dieu permet qu'il arrive. N'est-il pas juste qu'il fasse ce qu'il veut avec

ceux qui lui appartiennent? Sa volonté n'est-elle pas infiniment sainte, sage, juste et bonne en toutes choses? Ne sait-il pas ce qui est le meilleur pour nous, et ce qui le glorifiera le plus? Beaucoup de gens ont découvert qu'ils ont été capables d'endurer les choses qui les terrifiaient le plus, parce qu'ils ont reçu beaucoup plus de force et de paix d'esprit qu'ils ne l'auraient cru possible.

Mais nous ne pourrons pas accomplir ces quatre choses à moins de croire dès maintenant en l'excellente gloire de Christ et de nous en réjouir.

Il y a beaucoup plus d'avantages à méditer sur la gloire de Christ, mais ma faiblesse et l'approche de la mort m'empêchent d'en écrire davantage.[1]

Remarques

1. Le présent ouvrage a été le dernier de John Owen, décédé en 1683. Il était en cours d'impression au moment de sa mort, et a été publié en 1684. Ces faits le rendent tout à fait particulier. Qui plus est, les chapitres 15 et 16 ne faisaient pas partie de la première édition du livre. Ces deux chapitres (le style de l'écriture correspondait à celui d'Owen) n'ont été trouvés qu'après la première impression. Ils ont été ajoutés aux éditions suivantes du livre, et par conséquent nous les avons inclus.

1. « *Afin qu'ils contemplent ma gloire, celle que tu m'as donnée* » (Jean 17.24)

Le souverain sacrificateur de l'Ancien Testament, après avoir offert les sacrifices exigés le Jour de l'expiation, entrait dans le sanctuaire les mains pleines d'encens de bonne odeur, qu'il déposait devant le Seigneur, sur le feu. De même, le grand souverain sacrificateur de l'Église, notre Seigneur Jésus-Christ, après s'être offert lui-même en sacrifice pour nos péchés, est entré dans les cieux avec le doux parfum de ses prières pour son peuple. Son désir éternel du salut de son peuple est révélé dans le verset cité ci-dessus : « afin qu'ils contemplent ma gloire, celle que tu m'as donnée ». Joseph a demandé à ses frères de raconter à son père toute la gloire qu'il possédait en Égypte (voir Genèse 45.13), et ce, non pas pour s'en vanter, mais pour que son père se réjouisse en apprenant la position élevée qu'il détenait dans le pays. De même, Christ a désiré que ses disciples voient sa gloire, afin qu'ils soient comblés et qu'ils se réjouissent à jamais de la plénitude de sa bénédiction.

Une fois que le cœur du croyant a connu l'amour de Christ, il ne cessera jamais de désirer voir la gloire de Christ. L'apogée de toutes les requêtes exprimées par Christ à l'égard de ses disciples est qu'ils puissent contempler sa gloire. C'est pourquoi j'affirme que l'un des plus grands avantages du croyant en ce monde et en celui à venir est de considérer la gloire de Christ.

Depuis que le nom de chrétien est connu sur la terre, jamais il n'y a eu une opposition si directe envers l'unicité et la gloire de Christ que de nos jours. Tous ceux qui aiment le Seigneur Jésus ont le devoir de témoigner du mieux qu'ils peuvent de son unicité et sa gloire. Je veux donc tenter de fortifier la foi des vrais croyants en leur montrant que voir la gloire de Christ est l'une des plus grandes expériences et l'un des plus nobles privilèges accordés en ce monde ou celui à venir. En contemplant la gloire du Seigneur en la vie présente, ils seront changés à sa ressemblance (voir 2 Corinthiens 3.18). Dans l'au-delà, ils seront comme lui, car ils le verront tel qu'il est (voir 1 Jean 3.2). Cette connaissance de Christ est vie éternelle et récompense pour nos âmes. Celui qui a vu Christ a vu le Père; la lumière de la connaissance de la gloire de Dieu ne se voit que dans la personne de Jésus-Christ (voir Jean 14.9; 2 Corinthiens 4.6).

Il y a deux façons de voir la gloire de Christ : par la foi, dans ce monde; et par la vue, au ciel pour l'éternité. La prière de notre Seigneur fait principalement référence à la deuxième façon, c'est-à-dire, que ses disciples soient avec lui pour contempler sa gloire. Mais voir sa gloire par la foi pendant que nous sommes en ce monde est aussi inclus, et je donne ci-après les raisons de le souligner :

1.   Personne ne verra jamais la gloire de Christ s'il ne l'aperçoit pas déjà un peu par la foi. Nous devons être préparés par la grâce pour la gloire, et par la foi pour la vue. Certains, qui n'ont pas une foi véritable, s'imaginent qu'ils verront la gloire de Christ au ciel; mais ils s'abusent. Les apôtres ont vu sa gloire, « une gloire comme celle du Fils unique venu du Père [pleine de grâce et de vérité] » (Jean 1.14). Ce n'était pas une gloire mondaine comme celle des rois ou du Pape. Bien qu'il ait fait toutes choses, Christ n'avait nulle part où poser sa tête. Son apparence n'avait aucune gloire ni beauté inhabituelle en tant qu'homme. Son visage et sa forme ont été mutilés plus que ceux d'aucun homme (voir Ésaïe 52.14 ; 53.2). Toute la gloire de sa nature divine ne pouvait pas non plus être vue en ce monde. Alors comment les apôtres ont-ils pu voir sa gloire? C'était par l'intelligence spirituelle de la foi. Comme ils voyaient à quel point il était rempli de grâce et de vérité, en œuvres et en paroles, ils « l'ont reçu [comme] ceux qui croient en son nom » (Jean 1.12). Ceux qui n'avaient pas une telle foi n'ont vu aucune gloire en Christ.

2.   La gloire de Christ est complètement hors de portée de notre présente intelligence humaine. Nous ne pouvons pas regarder le soleil directement sans en être aveuglés. De même, nous ne pouvons pas réellement voir la gloire de Christ au ciel par nos yeux naturels; elle ne peut se voir que par la foi. Ceux qui parlent ou écrivent à propos de l'immortalité de l'âme, mais qui ne connaissent pas la vie de la foi ne peuvent avoir aucune conviction dans leurs propos. Certains utilisent aussi des images, des icônes et de la musique pour tenter vainement de s'aider à adorer quelque chose qu'ils imaginent être la gloire de Dieu. C'est parce qu'ils n'ont pas de compréhension spirituelle de la vraie gloire de Christ. L'intelligence qui vient seulement par la foi nous donnera une idée véritable de la gloire de Christ et engendrera en nous le désir de la voir complètement.

3.   Si nous voulons donc une foi plus active et une plus grande part de cet amour pour Christ qui procure le repos à nos âmes et les comble, nous devons désirer plus ardemment voir davantage de sa gloire dans la vie présente. Cela veut dire que nous aurons de moins en moins d'intérêt pour les choses de ce monde, jusqu'à ce qu'elles deviennent aussi indésirables qu'une chose morte. Nous ne devons chercher rien d'autre au ciel que ce que nous vivons déjà dans une certaine mesure dans cette vie. Si nous en étions pleinement persuadés, nous penserions plus souvent aux choses célestes que nous le faisons habituellement.

Avant de traiter des expériences plus intimes des croyants par rapport à la foi, l'amour et une sainte méditation, je parlerai de certains avantages que nous procure une méditation constante de la gloire de Christ par la foi.

1.   Nous serons préparés pour le ciel. Plusieurs pensent qu'ils sont déjà suffisamment préparés pour la gloire, si seulement ils pouvaient l'atteindre. Mais ils ne savent pas de quoi il s'agit. Le sourd ne prend pas plaisir à la musique, ni l'aveugle aux couleurs.

De même, le ciel ne procurerait aucune joie aux personnes qui n'y ont pas été préparées dans cette vie même par l'Esprit. L'apôtre rend « grâces au Père, qui nous a rendus capables d'avoir part à l'héritage des saints dans la lumière » (Colossiens 1.12). La volonté de Dieu, c'est que nous commencions à connaître la gloire ici-bas, et que nous la connaissions pleinement plus tard. Nous sommes rendus capables de recevoir la connaissance de cette gloire par l'activité spirituelle de la foi. Notre connaissance actuelle de la gloire nous prépare à la gloire à venir.

2.   Une vue réelle de la gloire de Christ a la puissance de nous changer jusqu'à ce que nous devenions semblables à Christ (voir 2 Corinthiens 3.18).

3.   Une méditation régulière sur la gloire de Christ donnera du repos à nos âmes et les comblera. Nous aurons la paix d'esprit au lieu de craintes et de soucis, car « avoir les tendances… de l'esprit c'est la vie et la paix » (Romains 8.6). Les choses de la vie présente ne sont rien comparativement à la grande valeur et à la beauté de Christ, comme l'exprime Paul : « Je considère tout comme une perte à cause de l'excellence de la connaissance du Christ-Jésus, mon Seigneur. » (Philippiens 3.8).

4.   La connaissance de la gloire de Christ est la source de notre bénédiction éternelle. En le voyant comme il est, nous lui serons faits semblables (voir 1 Thessaloniciens 4.17; Jean 17.24; 1 Jean 3.2).

Dieu est tellement grand que nous ne pouvons pas le voir avec nos yeux naturels et même au ciel nous ne pourrons pas tout comprendre de lui, car il est infini. La vue bénie que nous aurons alors de Dieu sera toujours « sur la face de Christ » (2 Corinthiens 4.6), et cela suffira à nous combler de paix et d'un sentiment de repos et de gloire.

Néanmoins, même en cette vie les vrais croyants commencent parfois à éprouver un tant soit peu les délices de la connaissance de Christ. Les Écritures et le Saint-Esprit nous donnent de ressentir la gloire incréée de Dieu resplendissant en Christ de telle façon que nos âmes sont remplies d'une joie et d'une paix indescriptibles. De telles expériences ne sont pas fréquentes, mais cela est attribuable à notre oisiveté et à notre manque de lumière spirituelle. Nos âmes seraient plus souvent remplies de cette gloire si nous méditions diligemment sur la gloire de Christ, comme nous le devons.

Dans les chapitres deux à onze, je tenterai de répondre à la question « Quels aspects de la gloire de Christ pouvons-nous contempler par la foi, et comment pouvons-nous la voir? » Et dans les chapitres douze à quatorze : « En quoi la connaissance obtenue par la foi diffère-t-elle de la contemplation directe de Christ au ciel? »

2. La gloire de Christ en tant que seul représentant de Dieu pour les croyants

La gloire de Dieu émane de sa sainte nature et de ses œuvres excellentes. Mais cette gloire ne se voit que si l'on regarde à Jésus-Christ (2 Corinthiens 4.6). Christ est « le rayonnement de la gloire du Père » et « l'image du Dieu invisible » (Hébreux 1.3; Colossiens 1.15). Il nous montre la nature glorieuse de Dieu et nous révèle sa volonté. Sans Christ, jamais nous ne verrions Dieu, ni aujourd'hui, ni demain (voir 1 Jean 1.18). Lui et le Père sont un. Lorsque Christ est devenu homme, il a fait resplendir la gloire de Dieu. Lui seul fait connaître et aux anges et aux êtres humains la gloire du Dieu invisible. Cette révélation est le rocher sur lequel l'Église est bâtie, le fondement de la totalité de notre espérance du salut et de la vie éternelle. Ceux qui ne peuvent pas voir cette gloire de Christ par la foi ne connaissent pas Dieu. Ils sont comme les Juifs et les Gentils incrédules d'antan. « Les Juifs demandent des miracles, et que les Grecs cherchent la sagesse : nous, nous prêchons Christ crucifié, scandale pour les Juifs et folie pour les païens, mais pour ceux qui sont appelés, tant Juifs que Grecs, Christ, puissance de Dieu et la sagesse de Dieu » (1 Corinthiens 1.22-24).

Dès le commencement de la prédication de l'évangile, le premier dessein du diable a été d'aveugler les gens à la gloire de Christ. « Si notre évangile est encore voilé, il est voilé pour ceux qui périssent; pour les incrédules, dont le dieu de ce siècle a aveuglé les pensées, afin qu'ils ne voient pas resplendir le glorieux évangile du Christ, qui est l'image de Dieu » (2 Corinthiens 4.3-4). C'est par la grande puissance de Dieu que les croyants sont guéris de cet aveuglement et de ces ténèbres. « Car Dieu qui a dit : La lumière brillera du sein des ténèbres! a brillé dans nos cœurs pour faire resplendir la connaissance de la gloire de Dieu sur la face de Christ » (2 Corinthiens 4.6).

Une grande partie de la misère et du châtiment infligés à l'humanité en raison de la chute d'Adam dans le péché est constituée d'épaisses ténèbres et de l'ignorance qui ont recouvert l'esprit humain depuis ce temps. Les hommes et les femmes se sont vantés d'être sages, mais leur sagesse ne les a pas menés à Dieu (voir 1 Corinthiens 1.21; Romains 1.21). Le raisonnement des philosophes à propos des choses invisibles qui dépassent l'entendement humain ne sauve pas les gens de l'idolâtrie et de la pratique de toutes sortes de péchés. Satan est le prince des ténèbres et il a établi son royaume de ténèbres dans les esprits humains, en les gardant dans l'ignorance de Dieu. Toute méchanceté et toute confusion parmi les êtres humains viennent de ces ténèbres, cette ignorance de Dieu. Dieu aurait pu nous laisser périr dans l'aveuglement et l'ignorance de nos ancêtres, mais il nous a « appelés des ténèbres à son admirable lumière » (1 Pierre 2.9). La gloire et les privilèges particuliers d'Israël résidaient dans les paroles de Dieu. « Il révèle ses paroles à Jacob, ses prescriptions et ses ordonnances à Israël. Il n'a pas agi de même pour toutes les nations » (Psaume 147.19-20). Néanmoins, Dieu leur a parlé du milieu d'épaisses ténèbres, car ils ne pouvaient pas comprendre la gloire qui devait plus tard être révélée par Christ. Lorsque Christ est venu, il a été manifesté que « Dieu est lumière, il n'y a pas en lui de ténèbres » (1 Jean 1.5). Lorsque le Fils de Dieu a été manifesté dans la chair humaine, Dieu a montré que la nature divine était une nature glorieuse consistant en trois personnes en une seule, une Trinité. La lumière de cette connaissance a brillé dans les ténèbres qui recouvrent le monde, de telle sorte que nul ne pouvait persister dans l'ignorance de Dieu, à l'exception de ceux qui ne veulent pas voir (voir Jean 1.5, 14,17-18; 2 Corinthiens 4.3-4). La gloire de Christ, c'est qu'il révèle cette vérité sur la nature invisible de Dieu.

Lorsque nous croyons pour la première fois, nous voyons, en Christ, Dieu le Père. Nous n'avons pas besoin de demander comme Philippe : « Seigneur, montre-nous le Père », car puisque nous avons vu Christ par la foi, nous avons aussi vu le Père (Jean 14.8-9). David désirait ardemment voir comme nous. « Ô Dieu! tu es mon Dieu, je te cherche, mon âme a soif de toi, mon corps soupire après toi [...]. Ainsi, je te contemple dans le sanctuaire, pour voir ta puissance et ta gloire » (Psaume 63.2-3). Le tabernacle n'était qu'une représentation très obscure de la gloire de Dieu. À combien plus forte raison devons-nous apprécier la vue que nous pouvons avoir de cette gloire, bien que ce ne soit encore que « dans un miroir » (2 Corinthiens 3.18)? Moïse avait vu plusieurs œuvres merveilleuses de Dieu, mais il savait que l'âme n'était véritablement comblée qu'en voyant la gloire de Dieu. Il prie donc ainsi : « Fais-moi voir ta gloire! » (Exode 33.18). C'est en Christ seul que nous pouvons voir clairement et en détail la gloire de Dieu et de toutes ses perfections.

La sagesse infinie fait partie de la nature divine et est la source de toutes les œuvres glorieuses de Dieu. « Mais la sagesse, où se trouve-t-elle? » (Job 28.12). Nous pouvons voir la sagesse dans ses effets, dont le plus grand est le salut de l'Église. L'apôtre Paul a été appelé à « mettre en lumière la dispensation du mystère caché de toute éternité en Dieu, le créateur de toutes choses; ainsi désormais les principautés et les pouvoirs dans les lieux célestes connaissent par l'Église la sagesse de Dieu dans sa grande diversité » (Éphésiens 3.9-10). La sagesse divine, manifestée dans la création qui nous entoure, aussi grande soit-elle, est peu de chose comparativement à la sagesse de Dieu qui nous est révélée en Jésus-Christ. Seuls les croyants voient la sagesse de Dieu en Christ ; elle n'est pas vue par les incroyants (voir 1 Corinthiens 1.22, 24). Si nous sommes assez sages pour voir cette sagesse clairement, nous aurons une « allégresse indicible et glorieuse » (1 Pierre 1.8).

Nous devons aussi considérer l'amour de Dieu en tant qu'attribut de la nature divine, « car Dieu est amour » (1 Jean 4.8). Les meilleures idées des hommes sont imparfaites et polluées par le péché. Ils pensent que Dieu est accommodant, qu'il est tout simplement comme eux (voir Psaume 50.21). Ceux qui ne connaissent pas Christ ne réalisent pas que bien que Dieu soit amour, sa colère « se révèle du ciel contre toute impiété et toute injustice des hommes qui retiennent injustement la vérité captive » (Romains 1.18). Comment alors connaîtrons-nous l'amour de Dieu et verrons-nous sa gloire en celui-ci? L'apôtre nous dit : « Voici comment l'amour de Dieu a été manifesté envers nous : Dieu a envoyé son Fils unique dans le monde afin que nous vivions par lui. » (1 Jean 4.9). C'est la seule preuve qui nous est donnée que Dieu est amour. Nous serions encore à présent dans les plus grandes ténèbres si le Fils de Dieu n'était pas venu nous montrer la vraie nature et l'activité de l'amour divin. Voyez donc à quel point Christ est beau, glorieux et désirable, puisque c'est lui qui nous révèle que Dieu est amour.

Voir cette gloire est la seule façon d'obtenir la sainteté, la consolation et la préparation nécessaires pour la gloire éternelle. Portez donc attention à ce que Dieu a fait connaître de lui en son Fils, plus particulièrement à sa sagesse, son amour, sa bonté, sa grâce et sa miséricorde. La vie de nos âmes en dépend. Comme le Seigneur Christ est le seul chemin qui nous a été donné pour obtenir ces bénédictions, combien glorieux il devrait être aux yeux des croyants!

Certains considèrent Christ comme un grand enseignant, mais non comme l'expression unique du Dieu invisible. Toutefois, si vous désirez les choses célestes, je vous demande : « Pourquoi aimez-vous Jésus-Christ et lui faites-vous confiance? Pouvez-vous nous donner raison de l'espérance qui est en vous? Une des raisons est-elle que vous voyez la gloire de Dieu dans le fait qu'il accomplit par Christ les bénédictions du salut qui vous auraient autrement été cachées pour l'éternité? » Il y a une promesse selon laquelle, dans les jours du Nouveau Testament, nos « yeux verront le roi dans sa beauté » (Ésaïe 33.17). Qu'est-ce que la beauté de Christ? C'est que Dieu est en lui et qu'il est donc le grand représentant de la gloire de Dieu à nos yeux. Qui peut décrire la gloire de ce privilège? Nous qui étions nés dans les ténèbres et qui méritions d'être jetés dans la noirceur la plus profonde sommes amenés dans cette merveilleuse lumière de « la connaissance de la gloire de Dieu sur la face de Christ. » (2 Corinthiens 4.6)?

L'incrédulité aveugle les yeux des esprits des gens. Même parmi ceux qui disent avoir une certaine connaissance de Christ, il n'y en a que peu qui comprennent sa gloire et qui sont transformés à sa ressemblance. Personne ne parviendra à ressembler à Christ en imitant simplement ses actes. Seule l'expérience de la gloire de Dieu peut rendre un croyant semblable à Christ. La vérité est que le meilleur d'entre nous ne désire pas passer de temps à penser sérieusement à ce sujet. Penser à la gloire de Christ est une chose trop élevée et trop difficile pour nous. Nous ne pouvons prendre plaisir en de telles pensées pour bien longtemps sans nous fatiguer et nous en détourner. Nous ne sommes pas spirituels, nos pensées et nos désirs sont occupés à d'autres choses. Si nous nous incitions à croire « les choses dans lesquelles les anges désirent plonger leurs regards », notre intelligence et notre vigueur spirituelles augmenteraient chaque jour. C'est alors que la gloire de Christ serait davantage manifestée par notre façon de vivre, au point même que nous accepterions la mort avec joie!

Certains disent ne pas comprendre ces choses. De toute façon, disent-ils, ce n'est pas nécessaire de les comprendre pour vivre les choses pratiques de la vie chrétienne. Je réponds ainsi à cette objection :

1.	Rien n'est plus complètement et clairement révélé dans l'évangile que le fait que Jésus-Christ est l'expression du Dieu invisible, de telle sorte qu'en le voyant nous voyons aussi le Père. Si cette vérité essentielle n'est pas reçue et crue, toutes les autres vérités bibliques sont inutiles pour nos âmes. L'évangile au complet ne sera plus qu'une fable si nous considérons Christ seulement comme un grand enseignant, et non selon la vérité de sa personne unique[1].

2.   La raison principale pour laquelle la foi nous est donnée est que nous puissions voir la gloire de Dieu en Christ et méditer sur tous ses effets. Si nous n'avons pas cette compréhension conférée par la puissance de Dieu à ceux qui croient, nous ne connaîtrons absolument rien du mystère de l'évangile (voir Éphésiens 1.17-19; 2 Corinthiens 4.3-6).

3.   Christ est infiniment glorieux, il est élevé au-dessus de toute la création, car c'est par lui que la gloire du Dieu invisible nous est le plus complètement révélée et par lui seul que l'image de Dieu est renouvelée en nous.

4.   La foi en Christ en tant que personne qui révèle la gloire de Dieu constitue la racine de toute pratique chrétienne. Si quelqu'un ne possède pas ce genre de foi, il ne peut être un vrai chrétien.

À ceux qui trouvent cet enseignement sur la foi un peu étrange, mais qui aimeraient en savoir davantage, je donne le conseil suivant :

i.   Le plus grand privilège dans cette vie est de voir la gloire de Dieu le Père déployée dans toute sa sainteté en Christ. La vie éternelle, c'est de connaître le Père, le seul vrai Dieu, et Jésus-Christ qu'il a envoyé (voir Jean 17.3). À moins d'apprécier cette vérité comme un grand privilège, vous n'y prendrez pas plaisir.

ii.   La connaissance de Christ est un grand mystère qui requiert beaucoup de sagesse spirituelle pour comprendre

---

1.   Cette vérité est expliquée au chapitre 3.

et mettre en pratique. La raison humaine ne nous aidera pas du tout; nous devons être enseignés par Dieu lui-même (voir Jean 1.12, 13; Matthieu 16.16, 17). Comme un artisan doit tout d'abord pratiquer les habiletés requises pour son art, nous devons utiliser les moyens ordonnés par Dieu dans le but de devenir des croyants habiles. Le plus grand de ces moyens est la fervente prière. Comme Moïse, priez Dieu qu'il vous montre sa gloire. Comme Paul, priez « afin que le Dieu de notre Seigneur Jésus-Christ, le Père de gloire, vous donne un esprit de sagesse et de révélation qui vous le fasse connaître » (Éphésiens 1.17). Les âmes paresseuses ne réussissent jamais à percevoir cette gloire, mais il est agréable de la rechercher par les moyens que Dieu a commandés.

iii. Apprenez en regardant les impies, combien ils recherchent avec ferveur leurs désirs impies et y pensent continuellement. Quant à nous, ferons-nous preuve de paresse dans notre méditation de la gloire que nous espérons un jour voir plus pleinement?

iv. Les cieux déclarent la gloire de Dieu, pourtant ils nous apprennent peu de choses sur la gloire de Dieu comparativement à la connaissance que nous pouvons en avoir en la personne de Jésus-Christ. Les personnes les plus futées et les plus grands penseurs ne sont que des aveugles lorsqu'on les compare aux plus petits dans le royaume des cieux car ils connaissent la gloire de Christ.

Nous devons donc vraiment désirer connaître l'efficacité de cette vérité dans nos cœurs. Désirons-nous la même joie, le même repos, les mêmes délices et la même satisfaction indescriptible qu'éprouvent les saints qui sont au ciel? Notre connaissance actuelle de la gloire de Christ marque le commencement de ces bénédictions et plus nous aurons d'expérience, plus nos âmes seront changées en quelque chose de mieux. Ces réalités invisibles sont précieuses pour ceux qui continuent à les méditer et qui prennent plaisir à marcher dans les voies de la foi et de l'amour.

Trois derniers points découlent de ce dont nous avons traité :

1.   Nous savons que la sagesse, la bonté, l'amour, la grâce, la miséricorde et la puissance de Dieu doivent être infiniment glorieux puisqu'ils existent en lui. Cependant, nous ne les comprenons réellement que lorsque nous en obtenons une vision satisfaisante et réconfortante au moment où nous les voyons à l'œuvre pour la rédemption de l'Église. C'est alors que leur gloire resplendit sur nous, nous rafraîchit et nous comble de joie de façon indescriptible. Comme s'exclame l'apôtre Paul : « Ô profondeur de la richesse, de la sagesse et de la connaissance de Dieu! […] Tout est de lui, par lui et pour lui! À lui la gloire dans tous les siècles! Amen! » (Romains 11.33-36).

2.   C'est par Christ que nous croyons en Dieu (1 Pierre 1.21). L'objet final de notre foi est donc Dieu lui-même; mais nous voyons sa gloire en Christ, qui est le moyen ordonné de Dieu de révéler la gloire de Dieu.

3.   Christ est le seul moyen d'obtenir une connaissance de Dieu à salut. Les plus grands penseurs religieux du monde ne font qu'avancer à tâtons dans les ténèbres d'une intelligence humaine limitée. Comme l'éclair frappant par une nuit obscure éblouit le voyageur plutôt que de lui indiquer la voie, ainsi la lumière de la connaissance de Dieu en Christ resplendit sur l'incroyant au milieu de ses ténèbres, et pourtant il ne voit pas le chemin en raison de son incrédulité. « Dieu n'a-t-il pas frappé de folie la sagesse du monde […] nous, nous prêchons Christ crucifié, scandale pour les Juifs, et folie pour les païens; mais pour ceux qui sont appelés, tant Juifs que Grecs, Christ, puissance de Dieu et la sagesse de Dieu » (1 Corinthiens 1.20-24).

3. La gloire de Christ révélée par le mystère de ses deux natures

La gloire des deux natures de Christ en une seule personne est tellement grande que le monde incroyant ne peut voir la lumière et la beauté qui en rayonnent. De nos jours, bon nombre renient la vérité que Jésus-Christ est à la fois Fils de Dieu et Fils de l'homme. Pourtant, c'est la gloire dans laquelle « les anges désirent plonger leurs regards » (1 Pierre 1.12). Dans son orgueil, Satan s'est élevé contre Dieu dans le ciel, puis a tenté de détruire les êtres humains sur la terre, créés à l'image de Dieu. Dans sa grande sagesse, Dieu a uni en son Fils ces deux natures contre lesquelles Satan avait péché. Christ, le Dieu-homme a triomphé de Satan par le moyen de sa mort sur la croix. Voilà le fondement de l'Église. En créant le monde, Dieu « suspend la terre sur le néant. » (Job 26.7). Mais il a fondé son Église sur ce rocher immuable : « Tu es le Christ, le Fils du Dieu vivant » (Matthieu 16.16). Ésaïe 9.5 fait référence à cette réalité glorieuse : « Car un enfant nous est né, un fils nous est donné, et la souveraineté (reposera) sur son épaule; on l'appellera Admirable, Conseiller, Dieu puissant, Père éternel, Prince de la paix. »

Comme le feu dans le buisson aperçu par Moïse, la plénitude de la divinité habitait corporellement en Christ, qui a été fait chair et qui a habité parmi nous (voir Exode 3.2; Colossiens 2.9; Jean 1.14). Le feu éternel de la nature divine habitait dans le buisson d'une nature humaine fragile; pourtant, la nature humaine n'a pas été consumée. Cela nous démontre « la bienveillance de celui qui est apparu dans le buisson » envers nous pécheurs (Deutéronome 33.16). Comme Moïse s'est fait dire d'ôter ses souliers, ainsi nous devrions nous débarrasser de toute imagination, et tous désirs qui viennent de notre nature humaine déchue, afin que par l'activité de notre foi nous puissions voir la gloire de Jésus-Christ. J'espère que ce que nous nous apprêtons à aborder nous incitera à chercher auprès de Dieu un esprit de sagesse et de révélation qui ouvrira les yeux de notre intelligence.

1.   Soyons persuadés que cette gloire de Christ comprise en ses natures divine et humaine est la chose la meilleure, la plus noble et la plus utile à laquelle nous puissions penser. Pour l'apôtre Paul, toutes les autres choses ne sont qu'une perte et même que, si on les compare, elles sont comme des ordures (voir Philippiens 3.8-10). L'Écriture parle de la folie de ceux qui dépensent « de l'argent pour ce qui n'est pas du pain, et [peinent] pour ce qui ne rassasie pas » (Ésaïe 55.2). Ils concentrent leurs pensées sur leurs plaisirs pécheurs, refusant de porter un seul regard à la gloire de Christ. Certains atteignent des pensées plus élevées à propos des œuvres de la création et de la providence, mais il ne se trouve aucune gloire en ces choses comparativement à la gloire de la double nature de Christ. Au Psaume 8, David médite sur la grandeur des œuvres de Dieu. Cela lui fait penser à la pauvre et faible nature de l'homme, qui semble comme un rien à côté de ces choses glorieuses. C'est alors qu'il commence à admirer la sagesse, la bonté et l'amour de Dieu, parce qu'il a élevé bien au-dessus de toutes les œuvres de la création notre nature humaine en la personne de Jésus-Christ. L'apôtre l'explique en Hébreux 2.5-6.

Comme les choses de ce monde sont plaisantes et désirables : une femme, des enfants, des amis, des possessions, la puissance et l'honneur! Mais celui qui possède toutes ces choses en plus de la connaissance de la gloire de Christ dira : « Qui d'autre ai-je au ciel? En dehors de toi, je n'ai aucun plaisir sur la terre » (Psaume 73.25). « Qui, en effet, dans la nue, peut se mesurer à l'Éternel? Qui est comparable à l'Éternel parmi les fils des dieux? » (Psaume 89.7). Un seul regard vers la beauté glorieuse de Christ suffit pour vaincre et capturer nos cœurs. Si nous ne regardons pas souvent à lui afin de penser à sa gloire, c'est parce que nos esprits sont trop remplis de choses de la terre. En pareil moment, nous ne nous prévalons pas de la promesse selon laquelle nos yeux verront le Roi dans sa splendeur.

2.   L'une des activités de la foi consiste à sonder les Écritures, car elles déclarent la vérité à propos de Christ (voir Jean 5.39). Les Écritures nous dévoilent la gloire de Christ de trois façons :

i.   Par des descriptions directes de son incarnation et de son caractère en tant que Dieu-homme. Voir Genèse 3.15; Psaumes 2.7-9; 45.2-6; 78.17-18; 100; Ésaïe 6.1-4; 9.6; Zacharie 3.8; Jean 1.1-3; Philippiens 2.6-8; Hébreux 1.1-3; 2.4-16; Apocalypse 1.17-18.

ii.   Par d'innombrables prophéties, promesses et expressions qui nous amènent toutes à considérer sa gloire.

iii.   Par les façons d'adorer Dieu qu'il a instituées dans l'Ancien Testament et par le témoignage qu'il reçoit directement du ciel dans le Nouveau Testament. Ésaïe dit : « Je vis le Seigneur assis sur un trône très élevé, et les pans (de sa robe) remplissaient le temple » (Ésaïe 6.1). Cette vision du Christ divin était si glorieuse que les séraphins (c'est-à-dire, les créatures célestes qui accomplissent un service) ont dû couvrir leurs visages. Combien plus grande était la gloire révélée dans les jours des évangiles! Pierre nous dit que lui et les autres apôtres étaient des témoins de la majesté du Seigneur Jésus-Christ. « Car il a reçu honneur et gloire de Dieu le Père, quand la gloire pleine de majesté lui fit entendre cette voix : Celui-ci est mon Fils bien-aimé, objet de mon affection » (2 Pierre 1.17). Nous devrions être comme le marchand qui cherche toutes sortes de perles. Lorsqu'il en a trouvé une de grand prix, il vend tout ce qu'il a pour l'acquérir (voir Matthieu 13.45-46). Chaque vérité sacrée de l'Écriture est une perle qui nous enrichit spirituellement, mais lorsque nous rencontrerons la gloire de Christ, nous éprouverons alors une telle joie que nous ne nous séparerons plus jamais de cette perle de grand prix. La gloire de la Bible est qu'elle est actuellement le seul moyen concret de nous enseigner la gloire de Christ.

3.   Nous devons méditer fréquemment sur la connaissance de la gloire de Christ que nous obtenons dans la Bible. Nos esprits doivent être spirituels et saints, libres des soucis et des affections de la terre. La personne qui ne médite jamais avec plaisir aujourd'hui même sur la gloire de Christ dans les Écritures n'aura pas de vrai désir de la voir dans le ciel. Quelle sorte de foi et d'amour possèdent donc ceux qui trouvent le temps de penser à beaucoup d'autres choses sauf à ce sujet glorieux?

4.   Nos pensées doivent se tourner vers Christ toutes les fois que c'est possible dans une journée. Si nous sommes de vrais croyants, et si la parole de Dieu occupe nos pensées, Christ est près de nous (voir Romains 10.8). Nous découvrirons qu'il est prêt à nous parler et à communier avec nous. Il dit : « Je me tiens à la porte et je frappe » (Apocalypse 3.20). Il est vrai qu'à certains moments, il se retire de nous et que nous ne pouvons pas entendre sa voix. Nous ne devons pas nous contenter de cette situation lorsque cela nous arrive. Nous devons être comme l'épouse du Cantique des cantiques 3.1-4 : « Sur ma couche, pendant les nuits, j'ai cherché celui que mon cœur aime; je l'ai cherché et ne l'ai pas trouvé. Je me lèverai donc, et je ferai le tour de la ville, dans les rues et sur les places; je chercherai celui que mon cœur aime… Je l'ai cherché et ne l'ai pas trouvé. Les gardes qui font le tour de la ville m'ont trouvée : Avez-vous vu celui que mon cœur aime? À peine les avais-je dépassés, que j'ai trouvé celui que mon cœur aime; je l'ai saisi, et ne le lâcherai plus. »

Plus les pensées d'un chrétien sont portées vers Christ et qu'il fait de celui qui vit en lui ses délices, plus sa vie spirituelle sera vigoureuse (voir Galates 2.20). S'il arrive à un moment ou un autre, que nous n'ayons pas pensé pas à Christ depuis un certain temps, nous devrions nous reprendre nous-mêmes.

5.   Toutes nos pensées à propos de Christ et de sa gloire doivent être accompagnées d'admiration, d'adoration et de reconnaissance. Nous avons reçu le commandement d'aimer le Seigneur de toute notre âme, de tout notre esprit et de toute notre force (voir Marc 12.30). Si nous sommes de vrais croyants, la grâce de Dieu œuvre dans nos esprits et nos âmes spirituellement renouvelés pour nous aider à le faire. À l'avènement de Christ en tant que juge, au dernier jour, les croyants seront frappés d'admiration en voyant son apparition glorieuse, « quand il viendra pour être, en ce jour-là, glorifié dans ses saints et admiré dans tous ceux qui auront cru » (2 Thessaloniciens 1.10). Cette admiration se changera en adoration et en actions de grâces. Nous en voyons un exemple en Apocalypse 5.9-13, où toute l'Église des rachetés chante un chant nouveau. « Et ils chantaient un cantique nouveau, en disant : Tu es digne de recevoir le livre, et d'en ouvrir les sceaux, car tu as été immolé et tu as racheté pour Dieu, par ton sang, des hommes de toute tribu, de toute langue, de tout peuple et de toute nation; tu as fait d'eux un royaume et des sacrificateurs pour notre Dieu; et ils régneront sur la terre. Je regardai et j'entendis la voix de beaucoup d'anges autour du trône, des êtres vivants et des anciens, et leur nombre était des myriades de myriades et des milliers de milliers. Ils disaient d'une voix forte : L'Agneau qui a été immolé est digne de recevoir puissance, richesse, sagesse, force, honneur, gloire et louange. Et toutes les créatures dans le ciel, sur la terre, sous la terre et sur la mer, et tout ce qui s'y trouve, je les entendis qui disaient : À celui qui est assis sur le trône et à l'Agneau, la louange, l'honneur, la gloire et le pouvoir aux siècles des siècles! »

Certains espèrent être sauvés par Christ et voir sa gloire dans un autre monde, mais ils ne se soucient pas de méditer par la foi sur cette même gloire en ce monde. Ils sont comme Marthe qui se souciait de beaucoup de choses, mais non comme Marie qui a choisi la meilleure part, celle d'être assise aux pieds de Christ (voir Luc 10.38-42). Que de telles personnes fassent donc très attention, de peur qu'elles ne soient non seulement en train de négliger leur devoir, mais qu'en fait elles le méprisent.

Certains disent qu'ils désirent contempler la gloire de Christ par la foi, mais quand ils commencent à voir cette gloire, ils la trouvent trop haute et trop difficile à voir. Ils sont submergés, comme les disciples au Mont de la transfiguration. J'admets que la faiblesse de nos esprits et notre incapacité à comprendre de grandes choses sur la gloire éternelle de Christ nous empêchent de concentrer nos pensées de façon stable et continue pendant quelque durée que ce soit. Ceux qui n'exercent pas l'habileté de la méditation sur les choses saintes en général ne seront pas non plus capables de méditer sur ce mystère. Toutefois, même quand la foi ne peut plus tenir ouverts les yeux de notre intelligence afin de penser au Soleil de justice qui brille dans sa beauté, nous pouvons au moins, par la foi, nous reposer dans une sainte admiration et un saint amour.

4. *La gloire de Christ en tant que médiateur*

(i) Son humilité

Le péché d'Adam a tant éloigné la race humaine de Dieu que l'humanité entière aurait été complètement ruinée s'il n'y avait eu une personne digne de faire la paix entre Dieu et nous, c'est-à-dire, un médiateur. Ce rôle ne pouvait être tenu par Dieu, ni par personne d'autre sur la terre. « Il n'y a pas entre nous d'arbitre, qui pose sa main sur nous deux. » (Job 9.33). Néanmoins, la nécessité d'établir une paix juste entre Dieu et les hommes par le moyen d'un médiateur s'imposait, sinon il n'y aurait jamais eu de paix. C'est pour cela que le Seigneur Christ, en tant que Fils de Dieu, a dit : « Tu n'as voulu ni sacrifice, ni d'offrande; mais tu m'as formé un corps [...] Voici : je viens, [...] pour faire, ô Dieu, ta volonté » (Hébreux 10.5-7). Comme nous le dit l'apôtre Paul : « Car il y a un seul Dieu, et aussi un seul médiateur entre Dieu, et les hommes, le Christ-Jésus homme » (1 Timothée 2.5). Christ s'est dépouillé et s'est abaissé de lui-même lorsqu'il « s'est dépouillé lui-même [...] en devenant semblable aux hommes » (Philippiens 2.7). Cela le rend glorieux aux yeux des croyants, qui doivent chercher à manifester le même genre d'humilité dans leur vie. Examinons trois choses en particulier :

1.   La grandeur de son humiliation. « Qui est semblable à l'Éternel, notre Dieu? Il s'élève très haut pour siéger; il s'abaisse pour regarder les cieux et la terre » (Psaume 113.5-6). « Toutes les nations sont devant lui comme rien. Elles ont moins de valeur pour lui que néant et vide » (Ésaïe 40.17). Il existe une distance infinie entre Dieu et ses créatures : c'est par pure grâce qu'il considère les choses de la terre. Christ, en tant que Dieu, se suffit à lui-même dans son propre bonheur éternel. Combien est grande alors son humiliation, ayant de lui-même pris notre nature afin de nous

amener à Dieu! Une telle humiliation ne lui a pas été imposée, mais il l'a librement choisie.

2.   Le caractère spécial de cette humiliation. Le Fils de Dieu n'a pas cessé d'être égal à Dieu lorsqu'il est devenu homme. « Lui dont la condition était celle de Dieu, il n'a pas estimé comme une proie à saisir d'être égal à Dieu » (Philippiens 2.6). Les Juifs voulaient le tuer parce qu'il « disait que Dieu était son propre Père, se faisant ainsi lui-même égal à Dieu » (Jean 5.18). Lorsqu'il a pris la forme de serviteur dans notre nature, il est devenu ce qu'il n'avait auparavant jamais été, mais il n'a jamais cessé d'être ce qu'il a toujours été dans sa nature divine. Celui qui est Dieu ne peut jamais cesser d'être Dieu. La gloire de sa nature divine était voilée afin que ceux qui le verraient ne croient pas qu'il était Dieu. Leur raison ne pouvait pas saisir quelque chose qui n'était jamais arrivé auparavant, qu'une seule et même personne soit à la fois Dieu et homme. Toutefois, ceux qui croient savent que celui qui est Dieu s'est humilié afin de prendre notre nature en vue de sauver l'Église, à la gloire éternelle de Dieu. Il est vrai que notre Seigneur Jésus-Christ est une pierre d'achoppement et un rocher de scandale pour plusieurs de nos jours, comme les musulmans et les juifs, qui pensent qu'il n'est qu'un prophète. Si vous supprimez le fait qu'il est à la fois Dieu et homme, toute la gloire, la vérité et la puissance du christianisme s'évanouiront aussi.

Nous pouvons penser à la vraie nature de l'humiliation divine sous trois angles :

i.   Christ, le Fils éternel de Dieu, dans un acte divin et indescriptible de puissance et d'amour divin, a revêtu et s'est approprié notre nature humaine, tout comme sa nature divine était déjà sienne. Nous partageons tous la nature humaine de façon générale, mais elle devient particulière à chacun de nous à notre naissance, de sorte que nous sommes des personnes différentes de toutes les autres. De même, le Seigneur Christ a revêtu cette nature commune à nous tous, mais se l'est particulièrement appropriée, et est devenu « l'homme, Jésus-Christ ».

ii.   Parce qu'il était sur la terre, vivant et souffrant dans notre nature, la gloire de sa personne divine était voilée. « Il s'est dépouillé lui-même. »

iii.   Bien qu'il se soit approprié notre nature, il ne l'a pas transformée en quelque chose de divin et de spirituel, mais a entièrement préservé son humanité. Il a vraiment agi et souffert, ainsi qu'été jugé, tenté et rejeté comme tout homme.

3.   La gloire de Christ dans cette humiliation. Même si nous étions des anges, nous ne pourrions pas décrire la gloire révélée dans la sagesse divine du Père et l'amour de son Fils quand celui-ci s'est humilié pour devenir homme. C'est un mystère, parce que Dieu est grand et ses voies surpassent de loin l'entendement de ses créatures. Néanmoins, la gloire de la religion des chrétiens réside dans le fait que celui qui était vraiment Dieu s'est abaissé, à tel point que par rapport aux autres, il a dit être « un ver et non un homme » (Psaume 22.7). Sommes-nous accablés par le péché? Sommes-nous frustrés par les tentations? Un regard vers cette gloire de Dieu suffira à nous soutenir et nous soulager. « Alors il sera un sanctuaire » (Ésaïe 8.14). Celui qui s'est tellement dépouillé et humilié pour nous, et néanmoins n'a rien perdu de sa puissance en tant que Dieu éternel, nous sauvera de toutes nos détresses. Si nous ne voyons pas la gloire dans ces choses, c'est que nous n'avons pas de connaissance spirituelle, ni de foi. La gloire de Christ en tant que médiateur est le refuge où celui qui est fatigué peut se reposer. « Voici le repos » (Ésaïe 28.12).

Je vous exhorte donc fortement à méditer par la foi sur la

double nature unique de Christ, dans une détermination constante et pratique. En tant que chrétiens, nous devons renoncer à nous-mêmes et être disposés à prendre notre croix. C'est impossible sans bien considérer comment le Fils de Dieu a renoncé à lui-même (voir Philippiens 2.5-8). Que sont les choses de ce monde, même nos proches et nos propres vies, qui doivent bientôt prendre fin, comparativement à la gloire de Christ lorsqu'il est venu pour s'abaisser sur cette terre? Lorsque nous commençons à penser à ces choses, nous parvenons assez rapidement au stade où nous délaissons notre raison humaine. J'aimerais être amené à ce stade chaque jour. Lorsque nous trouvons l'objet de notre foi trop grand et glorieux pour notre entendement, nous sommes remplis de sainte admiration, d'humble adoration et de joyeuses actions de grâce.

5. *La gloire de Christ en tant que médiateur*

(ii) Son amour

Bon nombre de passages de l'Écriture parlent de l'amour de Christ. Par exemple, le « Fils de Dieu qui m'a aimé et qui s'est livré lui-même pour moi » (Galates 2.20). « À ceci nous avons connu l'amour : c'est qu'il a donné sa vie pour nous » (1 Jean 3.16). « À celui qui nous aime, qui nous a délivrés de nos péchés par son sang » (Apocalypse 1.6). L'amour de Dieu est la partie la plus brillante de sa gloire. Il n'inspire pas la terreur, mais est plutôt très attirant et rafraîchissant.

Si Christ est devenu médiateur, c'est premièrement à cause de l'amour du Père, qui a choisi de sauver un nombre incalculable d'êtres humains par le sang versé de Christ. De plus, ils sont sanctifiés par l'Esprit (voir 2 Thessaloniciens 2.13; Éphésiens 1.4-9). Dieu étant amour, toute communication qu'il entretient avec les hommes doit se faire dans l'amour (1 Jean 4.8, 9, 16). Il n'y avait absolument rien en eux qui puisse faire en sorte que Dieu les aime. Toute bonne chose que l'on puisse trouver chez une personne est attribuable à ce grand amour de Dieu (voir Éphésiens 1.4). L'amour de Dieu est la source éternelle en laquelle l'Église puise sa vie par Christ.

Considérons maintenant l'amour du Fils, qui est plein de compassion. Bien que nous soyons des créatures pécheresses, nous pouvions être récupérées. Dieu nous a choisis comme moyen d'exprimer sa divine bonté et son amour. Christ a pris notre chair et notre sang, et non la nature des anges (voir Hébreux 2.14-16). Il anticipait avec une grande joie le salut de l'humanité qui glorifierait tant Dieu.

Son désir de prendre la nature humaine n'a pas été amoindri par la connaissance des grandes difficultés qu'il devrait surmonter.

Afin de nous sauver, il devrait persévérer jusqu'à ce que son âme soit triste jusqu'à la mort. Mais cela ne l'a pas repoussé. Son amour et sa miséricorde se sont élevés comme les eaux d'un puissant courant d'eau, car il dit : « Voici je viens [...] Je prends plaisir à faire ta volonté, mon Dieu! » (Psaume 40.8-9). Un corps lui a été préparé, afin de concrétiser la grâce incommensurable et l'amour fervent qu'il a pour l'humanité. Lorsque nous pensons à l'amour glorieux de Christ, nous voyons dans sa nature divine l'amour de Dieu le Père. Mais il y a plus que cela, car lorsqu'il a exercé son amour il était aussi humain. Il faut bien distinguer l'amour de chacune des deux natures, néanmoins c'est l'amour d'une seule personne, Jésus-Christ. Prendre notre nature humaine a été un acte d'amour inexprimable, mais un acte de sa nature divine seulement. Sa mort a été uniquement un acte de sa nature humaine. Mais l'un et l'autre étaient réellement ses actes, comme nous le lisons dans 1 Jean 3.16 : « À ceci nous avons connu l'amour : c'est qu'il a donné sa vie pour nous. »

Je désire vous exhorter de toujours préparer vos esprits aux choses célestes en méditant sérieusement sur la gloire de l'amour de Christ. Cela ne peut être fait si l'esprit est toujours rempli de pensées terrestres. Ne vous contentez pas de pensées générales sur l'amour de Christ, mais pensez-y d'une façon plus précise.

1.   Pensez à la personne de laquelle provient cet amour : c'est l'amour du Fils de Dieu, qui est aussi le Fils de l'homme. Puisqu'il est unique, son amour l'est aussi.

2.   Pensez à la sagesse, à la bonté et à la grâce manifestées dans les actes éternels de sa nature divine ainsi qu'à la pitié et à l'amour de sa nature humaine dans tout ce qu'il a accompli et souffert pour nous (voir Éphésiens 3.19; Hébreux 2.14-15; Apocalypse 1.5).

3.   Nous méritions la haine, mais, « Et cet amour consiste non pas en ce que nous avons aimé Dieu, mais que ce qu'il nous a aimés et qu'il a envoyé son Fils comme victime expiatoire pour nos péchés » (1 Jean 4.10). L'amour de Christ ne diminue pas parce que nous ne sommes pas aimables d'un point de vue spirituel.

4.   Quelle puissance a cet amour, manifesté par ses effets dans nos vies, qui nous permet de porter du fruit pour sa gloire.

Nous pouvons donc méditer sur les enseignements de l'Écriture, qui contient la douceur de l'amour de Christ. Ne vous contentez pas d'avoir seulement une bonne idée de l'amour de Christ dans vos esprits, mais goûter que le Seigneur est bon dans vos cœurs (voir Cantique des cantiques 2.2-5). Christ est la nourriture de nos âmes. Il n'y a pas de meilleure nourriture spirituelle que son amour pour nous, que nous devrions toujours désirer.

6. *La gloire de Christ en tant que médiateur*
(iii) Son obéissance

Il y avait une gloire invisible dans tout ce que Christ avait fait et souffert sur la terre. Si les gens l'avaient vue, ils n'auraient pas crucifié le Seigneur de gloire. Néanmoins, cette gloire a été révélée à certains. Les disciples ont « contemplé sa gloire, une gloire comme celle du Fils unique venu du Père » (Jean 1.14).

Considérons premièrement l'obéissance de Christ dans ce qu'il a accompli. Il a librement choisi d'obéir. Il a dit : « Voici je viens […] je prends plaisir à faire ta volonté, mon Dieu! » avant même qu'il soit nécessaire pour lui d'accomplir cette volonté. Il n'était pas comme nous qui, en tant que créatures humaines, avons toujours été assujettis à la loi de Dieu. Jean-Baptiste savait que Jésus n'avait pas besoin d'être baptisé. Mais Christ a dit : « Laisse faire maintenant, car il est convenable que nous accomplissions ainsi toute justice » (Matthieu 3.15). Christ s'est volontairement identifié aux pécheurs lorsqu'il a été baptisé.

Dieu lui a rendu honneur et gloire, car l'Église tout entière a été justifiée par son obéissance (voir Romains 5.19). L'obéissance de Christ à chaque partie de la loi était parfaite. La loi était glorieuse lorsque les dix commandements ont été écrits par le doigt de Dieu. Elle paraît encore plus glorieuse lorsqu'elle est gardée dans les cœurs des croyants. Mais ce n'est que dans l'obéissance absolue et parfaite de Christ que nous pouvons voir pleinement la gloire de la sainteté de Dieu dans la loi. « Il a appris, bien qu'il fût Fils, l'obéissance par ce qu'il a souffert » (Hébreux 5.7-8). Le Seigneur de tous, qui nous a tous créés, a vécu dans une obéissance stricte à l'entièreté de la loi de Dieu. Il était une personne si exceptionnelle que son obéissance est marquée de la gloire de sa personne exceptionnelle.

Réfléchissez maintenant à la gloire de l'obéissance de Christ manifestée dans les choses qu'il a souffertes. Personne n'a jamais pu imaginer la profondeur des souffrances de Christ. Nous pouvons le voir sous le poids de la colère de Dieu, dans son agonie et les sueurs de sang, dans ses grands cris et ses pleurs. Nous pouvons le voir priant, saignant, mourant, offrant son âme pour le péché. « Il a été emporté par la violence et le jugement; […] il était retranché de la terre des vivants, à cause des crimes de mon peuple. » (Ésaïe 53.8). « O profondeur de la richesse, et de la sagesse, et de la connaissance de Dieu! Que ses jugements sont impénétrables, et que ses voies sont incompréhensibles! » (Romains 11.33). Comme le Seigneur Christ est glorieux aux yeux des croyants rachetés!

Parce qu'Adam a péché, lui et tous ses descendants se tiennent devant Dieu prêts à périr pour l'éternité sous sa colère. C'est dans cette condition que le Seigneur Christ s'approche de ceux qui sont convaincus de leur péché, et les exhortent en disant : « Pauvres créatures! Votre condition est vraiment malheureuse! Qu'est-il arrivé à la beauté et la gloire de l'image de Dieu dans laquelle vous aviez été créées? Vous êtes maintenant à l'image déformée de Satan, et pis encore, la misère éternelle vous attend. Mais levez les yeux à nouveau, regardez-moi! Je prendrai votre place. Je porterai ce fardeau de culpabilité et de châtiment qui vous ferait sombrer dans l'enfer pour l'éternité. Je serai temporairement fait malédiction pour vous, afin que vous obteniez la bénédiction éternelle ».

Contemplons la gloire dévoilée dans l'évangile : Jésus-Christ est crucifié devant nos yeux (voir Galates 3.1). Nous comprenons les Écritures seulement dans la mesure où nous apercevons en elles la souffrance et la gloire de Christ. La sagesse de ce monde n'y voit rien d'autre que de la folie. « Si notre Évangile est voilé, il est voilé pour ceux qui périssent; pour les incrédules dont le dieu de ce siècle a aveuglé les pensées, afin qu'ils ne voient pas resplendir le glorieux Évangile du Christ, qui est l'image de Dieu. » (2 Corinthiens 4.3-4).

7. *La gloire de Christ est tant que médiateur*

(iv) Sa position exaltée

Nous examinerons maintenant la gloire de Christ qui a suivi ses souffrances. Il s'agit de la même gloire qu'il avait auparavant auprès du Père, avant la fondation du monde. Il a prié que ses disciples puissent être avec lui où il serait, afin de voir sa gloire (voir Jean 17.5, 24). Pendant qu'il était dans le monde sous la forme de serviteur, cette gloire était voilée. Lorsqu'il y a une éclipse du soleil, sa beauté, sa lumière et sa gloire ne peuvent être vues pour un temps; ainsi, toute la beauté, la lumière et la gloire de Christ ont été temporairement éclipsées pendant qu'il était sur la terre. Cependant, sa gloire sera vue avec une joie et un émerveillement immenses par ceux qui seront avec lui au ciel.

Nous savons aussi que la même nature humaine que Christ avait en ce monde est désormais exaltée dans la gloire. Il est impossible de comprendre complètement cette vérité, mais il s'agit d'une croyance fondamentale du vrai chrétien. Nous ne savons pas à quoi nous ressemblerons alors; encore moins nous est-il possible d'imaginer à quoi il ressemblera. Cette nature humaine de Jésus-Christ ne fusionne pas avec sa nature divine dans le ciel. Toutefois, elle est remplie de toute la grâce et la perfection envisageables pour une nature créée. Les croyants partageront cette gloire de la nature humaine de Christ. « Nous serons semblables à lui, parce que nous le verrons tel qu'il est » (1 Jean 3.2). Cependant, nous ne lui ressemblerons jamais au même degré, car sa gloire surpasse de loin celle des anges ou des hommes. « Autre est l'éclat du soleil, autre l'éclat de la lune, et autre l'éclat des étoiles. » (1 Corinthiens 15.41).

La plus grande gloire et la plus grande dignité qu'une créature puisse recevoir ont été données par Dieu le Père à Christ lorsqu'il l'a fait s'asseoir à la droite de la majesté du Très-Haut. Dieu a agi ainsi à cause de son amour infini pour Christ et parce qu'il prend plaisir dans ce qu'il a accompli en tant que médiateur entre Dieu et l'humanité. De plus, la gloire exceptionnelle de Christ, dans sa sagesse, sa grâce et son amour divins, est pleinement manifestée dans la rédemption de l'Église.

La gloire que possède actuellement le Seigneur Jésus-Christ dans le ciel ne peut être comprise que par la foi. Des personnes insensées, à l'aide de leur seule imagination humaine, ont tenté de représenter cette gloire dans des images, mais elles ne connaissent pas l'Écriture, ni quelle est la gloire éternelle du Fils de Dieu. Il ne faut pas imaginer l'image d'une personne glorieuse dans le ciel, mais méditer par la foi sur la description de la gloire de Christ qui nous est donnée dans l'Écriture. Ne nous excusons pas en disant que nous aurons assez de temps pour considérer ces choses plus tard au ciel. Si nous n'avons pas une certaine connaissance par la foi de la gloire de Christ ici-bas et dès maintenant, cela signifie que nous ne désirons pas réellement sa présence au ciel.

Nous sommes tous très égoïstes et satisfaits de savoir nos péchés pardonnés et d'être sauvés par Christ. Mais notre foi et notre amour devraient nous pousser à mettre Christ et ses intérêts avant toutes choses. Qui est celui qui est aujourd'hui environné de gloire et de puissance à la droite de la majesté du Très-Haut? C'est celui qui était pauvre, méprisé, persécuté et qui a été tué pour nous. C'est le même Jésus qui nous a aimés et s'est lui-même donné pour nous et qui nous a rachetés par son propre sang. Si nous estimons son amour à sa juste valeur et si nous participons à tout bienfait qui nous est procuré par son œuvre et sa souffrance pour son Église, nous ne pouvons que nous réjouir de son état présent et de sa gloire.

Bienheureux Jésus! Nous ne pouvons rien ajouter, ni à ta personne, ni à ta gloire. Nos cœurs se réjouissent que tu sois si glorieusement exalté à la droite de Dieu! Nous désirons voir cette gloire plus pleinement et plus clairement, comme tu l'as demandé en priant et comme tu nous l'as promis.

8. *La gloire de Christ illustrée dans l'Ancien Testament*

Nous savons que l'Ancien Testament est à propos du Seigneur Jésus-Christ. Considérons maintenant certaines manières dont la gloire de Christ a été prédite. Premièrement, un ordre concernant l'adoration a été donné par Dieu à Moïse, et par lui à tout le peuple d'Israël. On y trouvait le tabernacle (et plus tard le temple) avec le sanctuaire, l'arche, le propitiatoire, le grand sacrificateur, les sacrifices et l'aspersion du sang. Mais tout cela n'était qu'une ombre qui anticipait Christ en tant que sacrifice unique pour le péché et son activité continuelle en tant que notre grand souverain sacrificateur. L'Esprit de Christ était aussi dans les prophètes qui ont parlé, et « d'avance, attestait les souffrances de Christ et la gloire qui s'ensuivrait » (1 Pierre 1.11).

En plus de ce culte extérieur pointant vers la gloire de Christ, il existe une communion intérieure de Christ avec son Église dans l'amour et la grâce, illustrée dans le Cantique des cantiques. Ce livre est grandement négligé et mal compris. Quelques jours, ou même quelques heures, en compagnie de Christ, dans la communion d'amour si bien décrite dans ces pages, seraient une bénédiction surpassant de loin tous les trésors de la terre. Si nous, privilégiés que nous sommes de posséder la révélation complète de Christ dans le Nouveau Testament, comprenons moins cette gloire que les croyants de l'Ancien Testament, nous serons jugés indignes d'avoir reçu ce Nouveau Testament!

Avant que Christ soit né à Bethléem, il apparaissait quelques fois sous la forme d'un homme. L'Ancien Testament en parle comme étant en colère, ou bien content, parlant comme un homme, et pointe donc vers l'époque où il deviendrait vraiment l'homme Jésus-Christ.

Lorsque la loi a été donnée sur le mont Sinaï, elle inspirait la terreur de la mort parce que personne ne pouvait satisfaire à ses saintes demandes (voir Exode 19). Mais lorsque Christ est venu sur la terre et a accompli la loi, il a obtenu le pardon et la justice pour son peuple. Ésaïe a vu la gloire de Dieu et a été rempli de terreur jusqu'à ce que son péché soit ôté au moyen d'un charbon pris de l'autel. Cela symbolisait la puissance purificatrice du sacrifice de Christ (voir Ésaïe 6.5-6; Jean 12.41). Ésaïe a aussi prophétisé au sujet de la gloire de Christ lorsqu'il viendrait dans le monde comme un enfant. « Car un enfant nous est né, un fils nous est donné, et la souveraineté (reposera) sur son épaule; on l'appellera Admirable, Conseiller, le Dieu puissant, Père éternel, Prince de la paix. Renforcer la souveraineté et donner une paix sans fin au trône de David et à son royaume [...] » (Ésaïe 9.5-6). Bien que les prophètes aient prédit la gloire du Christ qui venait, ils ne comprenaient pas pleinement ce dont ils parlaient. Mais maintenant, après que chaque mot de cette révélation nous a été dévoilé clairement dans l'Évangile, rien ne peut aveugler les cœurs humains à la vérité de la gloire de Christ révélée dans l'Ancien Testament, sinon un orgueil diabolique.

Les promesses et les prophéties concernant la personne de Christ, son avènement, son royaume et sa gloire, sont comme une ligne de vie traversant tout l'Ancien Testament. Christ a expliqué ces choses et la sagesse, la grâce et l'amour de Dieu pour l'Église en lui à ses disciples, à partir des écrits de Moïse et de tous les prophètes (voir Luc 24.27, 44-46). Nous ne profiterons pas de la lecture de l'Ancien Testament à moins d'y chercher la gloire de Christ dans ses pages et de méditer sur elle.

Finalement, dans sa grâce, Dieu nous aide à comprendre en donnant plusieurs noms au Seigneur Christ dans l'Ancien Testament, démontrant son excellence de différentes façons. Entre autres, il est appelé la rose et le lys, à cause de la douceur de son amour et de la beauté de sa grâce et de son obéissance. Il est appelé une perle à cause de sa valeur, une vigne à cause de son fruit, un lion à cause de sa puissance et un agneau parce qu'il convient parfaitement pour un sacrifice. Je mentionne ces choses sans vouloir en faire ici une étude détaillée, mais simplement afin de stimuler nos pensées à propos de telles expressions et de leur signification, car elles révèlent quelque chose du caractère glorieux de Christ.

9. *La gloire de Christ dans son union avec l'Église*

Notre union avec Christ est réelle au point où Dieu considère ce que Christ a fait et souffert pour racheter l'Église comme si nous l'avions fait et souffert nous-mêmes. Il a agi de façon glorieuse lorsqu'il « a porté nos péchés en son corps sur le bois » et « est mort une seule fois pour les péchés, lui juste pour des injustes, afin de nous amener à Dieu » (1 Pierre 2.24; 3.18). L'intention de notre Dieu saint et juste était de sauver son Église, mais le péché de celle-ci ne pouvait demeurer impuni. Il était donc nécessaire que le châtiment du péché soit transféré de ceux qui le méritaient, mais ne pouvaient le supporter à celui qui ne le méritait pas, mais pouvait le supporter. Voilà le fondement de la foi chrétienne et de toute la révélation divine contenue dans l'Écriture. Examinons cette vérité de plus près et considérons combien elle abonde de la gloire de Christ.

1.   La justice divine n'est pas contre le fait que certains souffrent le châtiment dû aux péchés des autres. Pour soutenir cette affirmation, je me contenterai pour le moment de dire que Dieu, qui ne peut faire de mal, a souvent agi ainsi. Lorsque David a péché, soixante-dix mille hommes ont été tués par un ange, et David a dit au Seigneur : « Voici : c'est moi qui ai péché! C'est moi qui ai commis la faute; mais ce peuple, qu'a-t-il fait? » (2 Samuel 24.15-17). Lorsque les enfants de Juda ont été emmenés en captivité, Dieu les a punis pour les péchés de leurs pères, plus particulièrement pour les péchés commis aux jours de Manassé (voir 2 Rois 23.26-27). Lorsqu'il a finalement détruit la nation juive, Dieu l'a punie pour avoir répandu le sang de tous les prophètes qui ont vécu depuis le commencement du monde (voir Luc 11.50-51).

2.   Il y a toujours un lien particulier entre ceux qui ont péché et ceux qui sont punis. Par exemple, il existe une relation particulière entre des parents et leurs enfants, ou entre un roi et ses sujets. Il y a également une idée de partage dans le châtiment. Il a été dit aux enfants d'Israël : « Et vos fils seront nomades quarante années dans le désert et porteront le poids de vos infidélités » (Nombres 14.33). Le châtiment que méritaient leurs péchés a en partie été transféré à leurs enfants; mais une partie de leur propre châtiment consistait en ce qu'ils savaient ce qui arriverait à leurs enfants.

3.   Entre Christ et l'Église, il existe une union plus grande et une relation plus étroite que tout ce qui existe dans le monde. Nous pouvons le constater dans trois aspects :

i.   Il se trouve un lien naturel entre Christ et son Église. Dieu a fait tous les hommes d'un seul sang (voir Actes 17.26). Chaque homme est le frère et le prochain de chaque autre homme (voir Luc 10.36). La même relation existe entre Christ et l'Église. « Ainsi donc, puisque les enfants participent au sang et à la chair, lui aussi, d'une manière semblable y a participé […] Car celui qui sanctifie et ceux qui sont sanctifiés sont tous issus d'un seul » (Hébreux 2.14, 11). L'union de Christ avec son Église diffère toutefois en deux points de la fraternité commune à l'humanité. Il a pris notre nature sur une base volontaire, de son propre gré, mais nous, nous n'avons pas choisi d'être reliés les uns aux autres par la naissance. Il est aussi venu dans cette union dans un seul but : racheter l'Église en prenant notre nature, « afin d'écraser par sa mort celui qui détenait le pouvoir de la mort, c'est-à-dire le diable, et de délivrer tous ceux qui, par crainte de la mort, étaient toute leur vie retenus dans l'esclavage » (Hébreux 2.14-15).

ii.   Il y a une union morale et spirituelle entre Christ et l'Église. Elle est comparable à la relation entre la tête et les membres du corps, ou entre la vigne et ses branches (voir

Éphésiens 1.22-23; Jean 15.1-2). Elle se compare également au lien qui unit un mari et sa femme. « Maris, aimez chacun votre femme, comme le Christ a aimé l'Église et s'est livré lui-même pour elle » (Éphésiens 5.25). Comme il était la tête et l'époux de l'Église (qui ne pouvait être sauvée et sanctifiée que par son sang et ses souffrances), il convenait qu'il souffre ainsi, et il était juste que les bienfaits de ses souffrances soient donnés à ceux pour lesquels il a souffert.

On pourrait objecter que « lorsque nous étions encore des pécheurs, Christ est mort pour nous », et donc qu'il n'y avait pas d'union entre lui et l'Église à ce moment-là (Romains 5.8). Nous sommes, disent certains, unis à Christ par la foi. Par conséquent, avant notre régénération, nous n'étions pas unis à lui. Comment pouvait-il donc souffrir avec justice pour nous? Je réponds que c'était le dessein de Dieu, avant même les souffrances de Christ, que l'Église des élus soit son épouse, afin qu'il puisse l'aimer et souffrir pour elle. Jacob a aimé Rachel avant qu'elle devienne sa femme. Il « servit pour une femme, et pour une femme il garda les troupeaux » (Osée 12.13). Rachel est appelée l'épouse de Jacob en raison de son amour pour elle et parce qu'elle était destinée à être sa femme avant qu'il soit marié avec elle. C'est pourquoi Dieu le Père a donné tous les élus à Christ, les lui confiant, afin qu'ils soient sauvés et sanctifiés. Christ lui-même dit au Père : « J'ai manifesté ton nom aux hommes que tu m'as donnés du milieu du monde. Ils étaient à toi et tu me les as donnés […] C'est pour eux que je prie […] pour ceux que tu m'as donnés, parce qu'ils sont à toi » (Jean 17.6, 9).

iii. La troisième manière dont Christ est uni à son Église est par la nouvelle alliance, dont il est la promesse ou le gage. « Jésus est devenu par cela même le garant d'une alliance meilleure » (Hébreux 7.22). Voici le cœur du mystère de la façon sage de Dieu de sauver l'Église. Le transfert des transgressions des pécheurs à Christ, qui est en toutes choses innocent, pur et juste en lui-même, est la vie et l'âme de tout l'enseignement de l'Écriture. Ce que Christ a fait pour nous le rend glorieux à nos yeux!

Considérons la justice de Dieu manifestée dans la rémission des péchés. Tous les élus de Dieu sont des pécheurs. Mais en quoi est-il juste pour Dieu de leur permettre d'éviter le châtiment, puisqu'il n'a pas épargné les anges qui ont péché, ni Adam lorsqu'il a péché le premier? La réponse se trouve dans l'union entre Christ et l'Église. Étant donné que Christ représente l'Église aux yeux de Dieu, Dieu le punit avec justice pour tous leurs péchés, et ainsi ils sont librement et gracieusement pardonnés (voir Romains 3.24-26). À la croix, la sainteté et la justice de Dieu ont rencontré sa grâce et sa miséricorde. C'est là la gloire qui fait les délices des cœurs et satisfait les âmes de tous ceux qui croient. Combien il est merveilleux pour eux de voir que Dieu prend plaisir à sa justice tout en faisant preuve de miséricorde, en leur donnant le salut éternel! Laissez-moi vivre à la lumière de cette vérité glorieuse, et laissez-moi mourir dans cette foi.

Christ est aussi glorieux dans son obéissance à la loi qu'il a parfaitement achevée. Il était absolument nécessaire que la loi soit accomplie, mais nous n'aurions jamais pu le faire. Toutefois, au moyen de l'union de Christ avec l'Église, la loi a été satisfaite pour nous. « Car chose impossible à la loi, parce que la chair la rendait sans force – Dieu, en envoyant son propre Fils dans une chair semblable à celle du péché, a condamné le péché dans la chair; et cela pour que la justice prescrite par la loi soit accomplie en nous, qui marchons, non selon la chair, mais selon l'Esprit » (Romains 8.3-4).

Une compréhension par la foi de cette gloire de Christ dispersera toute crainte et enlèvera tout doute des pauvres âmes qui sont tentées. Une telle connaissance servira d'ancre qui les gardera inébranlables à travers toutes les tempêtes et les épreuves de la vie, et même dans la mort.

10. La gloire de Christ révélée dans le fait qu'il s'est donné lui-même pour les croyants

L'apôtre Paul décrit le fait que Christ s'est donné lui-même pour l'Église et l'union entre eux comme un grand mystère (voir Éphésiens 5.32). Néanmoins, bien qu'il s'agisse d'un mystère, nous pouvons toujours considérer cette relation dans laquelle chaque croyant peut dire : « Mon bien-aimé est à moi, et je suis à lui; il fait paître son troupeau parmi les lis » (Cantique des Cantiques 2.16). Nous devons bien comprendre que Christ ne se donne pas lui-même à nous parce qu'il est forcé de le faire. Il ne vient pas non plus parmi nous comme un rêve. Il ne devient pas non plus nôtre lorsqu'on le mange dans la sainte communion. Il se donne lui-même aux croyants d'une façon toute spéciale, que j'expliquerai. Comparons comment Dieu s'est donné lui-même à l'humanité dans l'ancienne création à comment Christ s'est donné lui-même pour l'Église dans la nouvelle création.

1. Toute vie, puissance, bonté et sagesse se trouvait à l'origine en Dieu à un degré infini. Ces perfections, et d'autres encore, formaient sa gloire essentielle.

2. Dans l'ancienne création, Dieu a communiqué la gloire de sa bonté, de sa puissance et de sa sagesse (voir Psaume 19.1; Romains 1.20) d'une façon tout à fait remarquable, en faisant en sorte qu'une chose dépende d'une autre. « En ce jour-là, j'exaucerai – oracle de l'Éternel – j'exaucerai les cieux, et ils exauceront la terre; la terre exaucera le blé, le vin nouveau et l'huile, et ils exauceront Jizréel » (Osée 2.23-24). Les créatures vivantes dépendent de la terre; la terre dépend du soleil et de la pluie. Il s'agit d'un système où plusieurs choses sont agencées en harmonie.

3.   En même temps, toutes choses dépendent de Dieu qui leur communique continuellement sa bonté et sa puissance (voir Actes 14.15-17; 17.24-29).

4.   L'humanité peut, au moyen de la raison, discerner la gloire de Dieu dans l'œuvre de la création et connaître sa puissance éternelle et sa divinité. La façon dont Dieu se montre dans la création est visible.

5.   La gloire de Dieu révélée dans la création est la gloire d'un Dieu trinitaire. Dans sa puissance et sa bonté, le Père, en tant que fontaine de la Trinité, a façonné le monde; le Fils a exécuté le plan de la création; et l'Esprit de Dieu continue à préserver toutes sortes de formes de vie sur la terre (voir Jean 1.1-3; Colossiens 1.16; Hébreux 1.2; Genèse 1.2). « Tu caches ta face : ils sont épouvantés; tu leur retires leur souffle : ils expirent et retournent dans leur poussière. Tu envoies ton souffle : ils sont créés, et tu renouvelles la face du sol » (Psaume 104.29-30).

Si Dieu n'avait pas démontré sa gloire de façon visible dans la création naturelle, personne, excepté Dieu lui-même, n'aurait pu connaître qu'il possédait une telle gloire. Examinons maintenant la nouvelle création, l'Église, qui relève d'un ordre plus élevé que la création matérielle, bien qu'on ne puisse en voir aussi facilement les preuves externes de la gloire de Dieu.

1.   La bonté, la grâce, la vie, la lumière, la miséricorde et la puissance qui sont à l'origine de la nouvelle création se trouvent toutes en Dieu. La raison d'être de la nouvelle création, l'Église, est de manifester la gloire de Dieu dans les manières dont il se révèle à elle, et par elles aux autres.

2.   Tout d'abord, il a plu à Dieu que la plénitude de la nature divine habite en Christ en tant que tête de l'Église (voir

Colossiens 1.17-19). La bonté, la grâce, la vie, la lumière, la puissance et la miséricorde qui étaient nécessaires à la création et à la préservation de l'Église devaient se trouver en Christ, puis être communiquées par lui à l'Église.

3.   Bien que la nature humaine soit entrée en union personnelle avec le Fils de Dieu, la plénitude de Dieu continuait d'habiter en lui (Colossiens 2.9). Il a aussi reçu le Saint-Esprit dans sa plénitude et tous les trésors de la sagesse et de la connaissance étaient cachés en lui (Colossiens 2.3). Ces richesses se trouvaient en lui, faisant de lui le prêtre, le prophète et le roi par excellence pour son Église.

4.   Dans la création du monde, Dieu a premièrement créé la matière de laquelle la terre a été faite, puis, par la puissance du Saint-Esprit, il a donné différentes formes de vie aux diverses parties de toute la création. Ainsi, dans l'œuvre de la nouvelle création, avant même le commencement de ce monde, Dieu a choisi de se mettre à part cette partie de l'humanité qui serait son Église. L'œuvre du Saint-Esprit était donc de produire des croyants et d'en faire tout ensemble le glorieux corps de l'Église de Christ. Ce qui a été dit à propos du corps naturel est vrai du corps de Christ, l'Église. « Mon corps n'était pas caché devant toi, lorsque j'ai été fait en secret, tissé dans les profondeurs de la terre. Quand je n'étais qu'une masse informe, tes yeux me voyaient; et sur ton livre étaient tous inscrits les jours qui m'étaient fixés, avant qu'aucun d'eux (existe) » (Psaume 139.15-16). La substance de l'Église était sous les yeux de Dieu lorsqu'il en a choisi ses membres. Mais aucun d'eux n'était encore formé individuellement, ni formé en corps, bien qu'ils soient tous écrits dans le livre de vie de Dieu. Le temps venu, le Saint-Esprit les a formés en corps, comme Dieu en avait le dessein depuis le commencement.

5. L'existence glorieuse de Dieu en tant que Trinité se voit dans l'ordre divin selon lequel la vie est donnée à l'Église. La

source éternelle de toute sagesse, grâce et bonté et de tout amour est le Père. Ces qualités divines se trouvaient en Jésus-Christ, le Fils de Dieu, qui les communique à l'Église. Le Saint-Esprit a formé chaque membre élu de l'Église dans chaque âge, et lui a donné la vie, chacun en son temps et sa saison, à la gloire de Dieu.

C'est de la même façon que toute la nouvelle création, l'Église, est préservée chaque jour. Cette communication invisible dépasse l'entendement des incrédules, et la plupart n'en voient pas la gloire. Quant à nous, que la prière de l'apôtre en Éphésiens 1.17-23 soit aussi la nôtre : « Afin que le Dieu de notre Seigneur Jésus-Christ, le Père de gloire, vous donne un esprit de sagesse et de révélation qui vous le fasse connaître; qu'il illumine les yeux de votre cœur, afin que vous sachiez quelle est l'espérance qui s'attache à son appel, quelle est la glorieuse richesse de son héritage au milieu des saints, et quelle est la grandeur surabondante de sa puissance envers nous qui croyons selon l'action souveraine de sa force. Il l'a mise en action dans le Christ, en le ressuscitant d'entre les morts et en le faisant asseoir à sa droite dans les lieux célestes, au-dessus de toute principauté, autorité, puissance, souveraineté, au-dessus de tout nom qui peut se nommer, non seulement dans le siècle présent, mais encore dans le siècle à venir. Il a tout mis sous ses pieds et l'a donné pour chef suprême à l'Église, qui est son corps, la plénitude de celui qui remplit tout en tous. »

Je traiterai maintenant plus en profondeur de la façon dont le Seigneur Christ se donne et des bénédictions qu'il réserve à tous ceux qui croient. Nous le recevons par la foi. « Mais à tous ceux qui l'ont reçue, elle a donné le pouvoir de devenir enfants de Dieu, à ceux qui croient en son nom » (Jean 1.12). Afin de le recevoir, il doit être donné. Le Père nous a gratuitement donné Christ. C'était son dessein éternel. Il a aussi donné tous les élus à Christ, car il a dit : « ils étaient à toi, et tu me les as donnés » (Jean 17.6). Dans l'Évangile, il a promis Christ à tous les croyants, et par sa toute-puissance il a créé la foi dans les âmes des élus, les rendant capables de recevoir Christ (voir Éphésiens 1.19-20; 2.5-8).

Mais nous avons principalement à l'esprit la façon dont Christ lui-même s'abaisse à notre niveau et nous montre la gloire de sa sagesse et de son amour.

1.   Il nous a donné son Saint-Esprit (voir Romains 8.9; 1 Corinthiens 6.17). Lorsque Christ est venu dans le monde, il a pris notre nature et l'a unie à la sienne. Lorsque nous naissons de nouveau, il nous fait entrer en union spirituelle avec lui. Il est alors à nous et nous à lui. C'est une chose tellement glorieuse qu'on ne peut l'exprimer. Il n'y a rien de comparable dans toute la création. Le même Esprit se trouve en Christ, la tête, et dans son Église, donnant la vie et dirigeant tout le corps. Voyez la gloire, l'honneur et la sécurité de l'Église! Comprendre comment la gloire de Dieu est déployée dans la nature même de l'Église est un privilège qui surpasse de loin toute la sagesse du monde impie.

2.   Nous avons donc une nouvelle nature qui est la nature même de Christ formée en nous. Nous sommes devenus participants de sa nature divine à divers degrés par les promesses précieuses de l'évangile. Cette nature divine dans les croyants s'appelle le nouvel homme, la nouvelle créature, l'esprit qui est né de l'Esprit et qui est transformé à l'image de Christ, et l'œuvre de Dieu (voir Jean 3.6; Romains 6.3-8; 2 Corinthiens 3.18; 5.17; Éphésiens 4.20-24; 2 Pierre 1.4). Christ est fait pour nous sagesse et sanctification par le don de sa nature. Il dit à propos de son Église : « Voici celle qui est os de mes os et chair de ma chair. Je me vois moi-même, je vois ma propre nature, en eux, et ils sont beaux et désirables à mes yeux. » C'est pourquoi, éventuellement, il fera « paraître devant lui cette Église glorieuse, sans tache, ni ride, ni rien de semblable, mais sainte et sans défaut » (Éphésiens 5.27).

3.   Être en Christ par la foi produit deux effets. Le premier consiste en une provision sans fin de vie, de grâce et de force spirituelles. Les membres de son Église vivent, toutefois ce n'est pas eux qui vivent, mais Christ qui vit en eux; et la vie qu'ils mènent dans la chair est par la foi au Fils de Dieu (voir Galates 2.20). L'autre effet est que la justice de Christ est comptée comme étant la nôtre, et nous recevons tous les bienfaits qui viennent de lui, parce qu'il est notre médiateur (voir Romains 4.5).

Il y a bien d'autres manières dont Christ nous fait connaître son amour. Par exemple, il est répandu dans nos cœurs par le Saint-Esprit, et notre amour retourne à lui par la toute-puissance du même Esprit (Romains 5.5). Toutefois, j'espère que nous avons suffisamment médité sur la gloire de la manière dont Christ se donne à l'Église pour que nos cœurs soient remplis d'un saint émerveillement et d'actions de grâce.

11. La gloire de Christ révélée dans le fait qu'il rassemble toutes choses en lui

« [...] que Dieu a répandue abondamment sur nous en toute sagesse et intelligence. Il nous a fait connaître le mystère de sa volonté, le dessein bienveillant qu'il s'était proposé en lui, pour l'exécuter quand les temps seraient accomplis : réunir sous un seul chef, le Christ, tout ce qui est dans les cieux et ce qui est sur la terre » (Éphésiens 1.8-10).

Pour comprendre ces paroles, nous devons nous référer à la condition d'origine de toutes choses dans le ciel et sur la terre, au désordre apporté par le péché et à la gloire de leur restauration par Christ.

1. Dieu se nomme lui-même « JE SUIS » (Exode 3.14). Il existe en lui-même de toute éternité et donne l'existence à toutes choses (Romains 11.36). De même, Dieu est la source de tout bien.

2. Quand un être d'une telle bonté infinie existe, un état de béatitude et de bonheur sans fin existe également, auquel rien ne peut être ajouté. La béatitude et le contentement de Dieu n'ont pas changé, ils sont tels qu'ils étaient avant même la création d'une seule chose. Cette béatitude subsiste dans l'amour réciproque et éternel des trois personnes saintes, le Père, le Fils et l'Esprit, en tant que Dieu unique. Les actes de Dieu sont accomplis dans la connaissance complète et l'amour sans mesure de ses propres perfections.

3. Dans sa sagesse, sa puissance et sa bonté infinies, Dieu a fait toutes choses selon sa propre volonté et son bon plaisir. L'existence et la perfection qu'il a données aux choses externes à lui-même

étaient limitées et dépendantes de lui. Il a dit : « Que telle chose soit », et elle était. « Dieu vit alors tout ce qu'il avait fait, et voici : c'était très bon » (Genèse 1.31). L'existence et la perfection de la création doivent être les premiers signes par lesquels la nature divine nous révèle la gloire de Dieu. La préservation de toute la création dépend aussi de Dieu.

4.   « Au commencement, Dieu créa les cieux et la terre » (Genèse 1.1). Il a décidé que les hommes habiteraient la terre et les anges, le ciel. De plus, chaque endroit a suscité gloire et louange à Dieu selon sa nature respective. Cet ordre des choses était très beau. La communion entre Dieu et ses créatures ne présentait aucune division. Il communiquait directement avec elles, et elles faisaient toutes choses dans l'obéissance.

5.   Toutefois, cet ordre magnifique a été troublé et brisé par l'entrée du péché. Une partie de la famille des anges du ciel et toute la famille des hommes sur la terre ont cessé de dépendre de Dieu. Il ne subsistait plus que haine et confusion parmi eux. Étant donné que la terre avait été assujettie à l'humanité, qui était maintenant déchue, Dieu a maudit la terre. Cependant, il n'a pas maudit les cieux parce que bon nombre d'anges ont gardé leur position. Les anges qui ont péché ont été complètement et à jamais rejetés. Quant à la race humaine, bien qu'elle soit tombée dans le péché, Dieu a choisi d'en sauver une partie par sa grâce.

6.   Le plan de Dieu était maintenant de réunir les deux familles, les anges et les hommes, sous un même chef; les bons anges ayant été préservés de pécher et tous les croyants étant délivrés de leurs péchés. C'est ce que signifient ces mots : « réunir sous un seul chef, le Christ, tout ce qui est dans les cieux et ce qui est sur la terre » (Éphésiens 1.10); et « de tout réconcilier avec lui-même, aussi bien ce qui est sur la terre que ce qui est dans les cieux. » (Colossiens 1.20). Jésus-Christ, le Fils de Dieu, est le nouveau chef

en qui Dieu a rassemblé toutes choses dans le ciel et sur la terre, pour ne faire qu'un. Étant maintenant un seul corps et une seule famille, ils dépendent de celui qui leur donne la vie et duquel ils dérivent leur existence. Dieu le Père a « tout mis sous ses pieds et l'a donné pour chef suprême de l'Église, qui est son corps, la plénitude de celui qui remplit tout en tous » (Éphésiens 1.22-23). « Il est avant toutes choses, et tout subsiste en lui. Il est la tête du corps, de l'Église. Il est le commencement, le premier-né d'entre les morts, afin d'être en tout le premier. Car il a plu à Dieu de faire habiter en lui toute plénitude » (Colossiens 1.17-19).

7.   Dieu a donné toute puissance dans le ciel et sur la terre au chef de cette nouvelle famille de Dieu. Tous doivent maintenant aller à Christ pour obtenir la puissance spirituelle, la grâce et tout bien. Qu'il s'agisse des anges ou des hommes, tous dépendent maintenant complètement de lui. Les anges qui ne sont pas déchus n'ont pas besoin de rédemption et de grâce, et ont donc pu continuer leur existence dans la gloire du ciel. Mais il était nécessaire pour nous que Christ prenne notre nature et s'unisse lui-même à nous par son Esprit. Les croyants sont donc rachetés pour vivre dans un ciel glorieux, étant une seule famille avec les anges.

Abordons quelques points supplémentaires qui nous aideront à méditer sur ce sujet dont la gloire dépasse de loin notre entendement : le rassemblement de toutes choses en Jésus-Christ.

1.   Seul Christ pouvait porter le poids de cette gloire. Le Saint-Esprit le décrit comme étant « le rayonnement de sa gloire [celle du Père] et l'expression de son être [soutenant] toutes choses par sa parole puissante » (Hébreux 1.3). « Il est l'image du Dieu invisible, le premier-né de toute la création. Car en lui tout a été créé dans les cieux et sur la terre, ce qui est visible et ce qui est invisible, trônes, souverainetés, principautés, pouvoirs. Tout a été créé par

lui et pour lui. Il est avant toutes choses, et tout subsiste en lui »
(Colossiens 1.15-17).

2.   Dieu avait le dessein merveilleux et éternel de se glorifier
lui-même par l'incarnation de Christ en homme. Le but était que
toute la création, mais plus particulièrement l'Église, qui devait
hériter de la bénédiction éternelle, ait un nouveau chef. L'ordre de
toute la famille dans le ciel et sur la terre, les anges et les hommes,
devait dépendre de Christ. Cette appréhension par la foi de la beauté
divine du rassemblement de toutes choses en Christ doit remplir
les cœurs des croyants de délices et de joie, plus que toute autre
chose.

3.   Christ s'est occupé du péché qui a détruit la beauté et l'ordre
de la création. Toute la beauté de la création originelle manifestait
la beauté et la sagesse de Dieu, parce qu'elle dépendait de Dieu.
L'entrée du péché a ruiné ce beau paysage. Toutefois, puisque toutes
choses sont maintenant rassemblées en Jésus-Christ, tout ce qui
est en Christ est rétabli dans la communion avec Dieu. Même que
tout l'ouvrage merveilleux de la création divine a été fait encore
plus beau qu'avant, à cause de sa nouvelle relation avec le Fils de
Dieu.

4.   Dieu est toujours sage dans tout ce qu'il fait. Sa sagesse
et sa puissance infinies ont été vues dans la première création.
« Que tes œuvres sont en grand nombre, ô Éternel! Tu les as
toutes faites avec sagesse » (Psaume 104.24). Mais une fois les
effets de cette sagesse divine corrompus, une plus grande sagesse
s'avérait nécessaire pour les restaurer. En rassemblant à nouveau
toutes choses en Christ, Dieu a manifesté sa sagesse insondable
aux anges, qui ne connaissaient pas auparavant ses desseins,
« ainsi désormais les principautés et les pouvoirs dans les lieux
célestes connaissent par l'Église la sagesse de Dieu dans sa grande
diversité » (Éphésiens 3.10). Tous les trésors de la sagesse sont à

la fois cachés et manifestés en lui (Colossiens 2.3).

5.   Dans la première création, qui était glorieuse, toutes choses dépendaient directement de Dieu et de la loi d'obéissance envers lui. Il s'agissait d'une unité fragile, dépendante de la volonté des créatures d'obéir à leur créateur. Mais dans la nouvelle création, toutes choses, y compris chaque croyant, ont été rassemblées en Christ, la tête. Il s'agit d'une unité indivisible. Ceux dont la sécurité éternelle dépend entièrement de Christ ne peuvent plus déchoir du repos qu'ils trouvent en lui.

12. La différence entre la présente perception de la gloire de Christ par la foi et notre perception de celle-ci au ciel

« Car nous marchons par la foi, et non par la vue » (2 Corinthiens 5.7). Dans la vie présente, par la foi; mais dans la vie à venir, par la vue. Ce sont les capacités de l'âme qui lui font connaître la gloire de Christ.

Dans ce monde, la perception de la gloire de Christ par la foi est obscure et floue. Comme dit l'apôtre : « Maintenant nous voyons […] d'une manière confuse » (1 Corinthiens 13.12). Notre connaissance n'est pas immédiate, mais comme un reflet imparfait de la réalité. L'évangile, sans lequel nous ne pourrions rien connaître de Christ, est encore bien loin de manifester toute la grandeur de sa gloire. C'est parce que nous-mêmes le comprenons imparfaitement. Notre foi est faible et imparfaite. Nous ne pouvons pleinement comprendre aucun aspect de sa gloire. Dans notre présente condition terrestre, il y a comme un mur entre nous et Christ. Malgré cela, nous l'apercevons parfois par les fenêtres. « Le voici, il se tient derrière notre mur, il observe par la fenêtre (son œil) brille au treillis. » (Cantique des cantiques 2.9). Ces fenêtres sont les occasions que nous avons d'entendre et de recevoir les promesses de l'évangile, par les moyens de la grâce et la prédication de la Parole. De telles occasions rafraîchissent les âmes de ceux qui croient. Mais la perception de sa beauté et de sa gloire ne dure pas. C'est alors que nous crions : « Comme une biche soupire après des courants d'eau, ainsi mon âme soupire après toi, ô Dieu! » (Psaume 42.1-2). Quand le verrai-je à nouveau, même si ce n'est qu'au travers d'une fenêtre?

Parfois, comme Job, nous ne pouvons pas le voir parce qu'il se cache derrière un nuage (voir Job 23.8-9). En d'autres occasions, il se montre comme le soleil dans toute sa splendeur, à tel point qu'il est insoutenable.

Afin de comparer, examinons maintenant de quelle manière nous verrons la même gloire de Christ au ciel. Nous le verrons de façon immédiate, directe et constante.

1.   Christ lui-même, dans toute sa gloire, sera réellement et continuellement avec nous. Désormais, nous n'aurons plus à nous contenter de la simple description de sa personne que nous fournit l'Évangile. Nous le verrons face à face (1 Corinthiens 13.12) et tel qu'il est (1 Jean 3.2). Nous le verrons avec nos yeux physiques, car Job dit : « Mais je sais que mon rédempteur est vivant, et qu'il se lèvera le dernier sur la terre, après que ma peau aura été détruite; moi-même en personne, je contemplerai Dieu. C'est lui que moi je contemplerai, que mes yeux verront, et non quelqu'un d'autre; mon cœur languit » (Job 19.25-27). Nos sens physiques seront restitués et glorifiés d'une façon présentement impossible à comprendre, afin que nous puissions voir Christ et sa gloire au siècle des siècles. Nous ne verrons pas seulement sa nature humaine, mais aussi sa divinité dans toute sa sagesse, son amour et sa puissance. Cette gloire sera mille fois plus grande que tout ce que nous pouvons imaginer.

Cette contemplation de Christ est ce que tous les saints de Dieu désirent ardemment. Ils ont le désir de « [s'] en aller et d'être avec Christ, ce qui est de beaucoup le meilleur » (Philippiens 1.23; 2 Corinthiens 5.8). Ceux qui n'éprouvent pas souvent ce désir sont terrestres et dépourvus de spiritualité.

2.   Dans la vie présente, personne n'a le pouvoir, soit spirituel ou physique, de voir la gloire de Christ comme elle est véritablement. Quand ils virent certains reflets de sa gloire divine au Mont de la transfiguration, les disciples étaient confus et très

effrayés. Si le Seigneur Jésus venait aujourd'hui à nous dans sa majesté et sa gloire, son apparence ne nous apporterait ni bienfait, ni consolation. L'apôtre Jean, qu'il aimait, est tombé comme mort à ses pieds lorsqu'il lui est apparu dans sa gloire (Apocalypse 1.17). Paul et tous ceux qui l'accompagnaient sont tombés à terre lorsque la splendeur de sa gloire a brillé sur eux, alors qu'ils allaient à Damas (voir Actes 26.13, 14).

Quel grand affront pour Dieu lorsque des insensés essaient de produire des images du Seigneur Christ dans sa gloire actuelle! La seule façon dont nous pouvons le connaître aujourd'hui est par la foi, obscurément. Nous ne pouvons pas le voir aujourd'hui comme il est réellement plein d'une gloire indescriptible.

En raison de notre nature pécheresse, nos esprits étaient entièrement enténébrés et mauvais, étant incapables de voir les choses spirituelles, qui ne sont visibles qu'à l'aide d'une lumière appropriée. Nous avons en partie été guéris par la grâce et nous sommes devenus lumière dans le Seigneur (Éphésiens 5.8). Toutefois, nos esprits sont toujours emprisonnés dans nos corps naturels, et nous conservons bon nombre de faiblesses et d'imperfections, qui disparaîtront à jamais une fois que nous serons au ciel (Éphésiens 5.27). Après la résurrection, nos esprits et nos corps seront libres de tout ce qui nous empêchait de profiter d'une vision complète de la gloire de Christ. En ce jour, un seul acte pur de contemplation spirituelle, en regardant à la gloire de Christ, un seul acte pur d'amour en s'attachant à Dieu, nous rendra beaucoup plus heureux et satisfaits que toutes nos activités religieuses.

De nature, nous avons la puissance de comprendre et de juger les choses de la vie présente. Cependant, cette capacité naturelle ne peut nous aider à voir et à comprendre les choses spirituelles, comme nous le montre l'apôtre en 1 Corinthiens 2.11, 14 : « Qui donc, parmi les hommes, sait ce qui concerne l'homme, si ce n'est l'esprit de l'homme qui est en lui? De même, personne ne connaît ce qui concerne Dieu, si ce n'est l'Esprit de Dieu… Mais l'homme naturel ne reçoit pas les choses de l'Esprit de Dieu, car elles sont une folie pour lui, et il ne les peut connaître, parce que c'est spirituellement qu'on en juge. »

Dieu nous donne donc la capacité surnaturelle de la foi et de la grâce. Nous avons toujours notre capacité naturelle de comprendre, mais ce n'est que par la capacité spirituelle que nous voyons les choses spirituelles. Au ciel y sera ajoutée la faculté de voir la gloire.

1. Comme la capacité spirituelle ne détruit pas la capacité naturelle, mais plutôt l'améliore, ainsi la capacité de saisir la gloire ne détruira pas les pouvoirs de la foi et de la grâce, mais les rendra parfaits.

2. De nature, nous ne pouvons pas comprendre clairement l'essence de la grâce, qui n'est discernée que par ceux qui la reçoivent. De même, par la grâce, nous ne pouvons comprendre complètement la nature de la gloire, qui ne peut être parfaitement discernée qu'une fois que nous aurons été transformés et vivrons dans la gloire.

3. La meilleure idée que l'on peut se faire de la nature de cette gloire est en pensant qu'au moment où elle brillera sur nous, nous serons faits parfaitement semblables à Christ.

De la nature à la gloire, il y a une progression. La grâce renouvelle la nature et la gloire rend la grâce parfaite. C'est ainsi que l'âme au complet entre dans son repos en Dieu. Lorsque le Sauveur a touché pour la première fois les yeux de l'aveugle, celui-ci voyait des arbres qui marchaient au lieu d'hommes. Lorsque le Sauveur l'a touché une seconde fois, il voyait tout clairement (voir Marc 8.22-25). La différence entre la vue de la grâce et la vue de la gloire est semblable à cela.

Après avoir considéré nos esprits, pensons maintenant à nos corps glorifiés. Une fois que nous serons ressuscités, nous verrons notre Rédempteur. Étienne a vu « la gloire de Dieu, et Jésus debout à la droite de Dieu » (Actes 7.55). Qui n'aurait pas voulu du privilège de voir physiquement Christ pendant son séjour sur terre, comme les disciples? Il leur a dit que « beaucoup de prophètes et de justes ont désiré voir ce que vous regardez » (Matthieu 13.17). S'il s'agissait donc d'un si grand privilège, comme il sera glorieux de voir Christ dans la plénitude de sa gloire, lorsque nos yeux seront purifiés et fortifiés! C'est inimaginable; pourtant, nous savons qu'il a prié son Père que nous soyons où il est, pour voir la grandeur et la beauté de sa gloire (voir Jean 17.24).

Pendant que nous sommes en ce monde, « nous aussi nous soupirons en nous-mêmes, en attendant l'adoption, la rédemption de notre corps » (Romains 8.23). Comme Paul, nous crions : « Malheureux que je suis! Qui me délivrera de ce corps de mort? » (Romains 7.24). Plus nous nous rapprochons du ciel, plus nous désirons y être, car Christ y est. Nos pensées sur Christ sont si confuses et imparfaites, qu'elles se concluent habituellement par notre désir ardent d'être capable de mieux le connaître. C'est pourtant le meilleur état d'esprit que l'on puisse avoir ici-bas! Je prie Dieu de ne jamais en être délivré, et que le Seigneur puisse augmenter de tels désirs de plus en plus dans le cœur de tous ceux qui croient.

Le cœur d'un croyant touché par la gloire de Christ est comme une aiguille touchée par un aimant. Il ne peut plus rester calme ou satisfait tant qu'il est loin, bien que ses mouvements soient faibles et tremblants. Il nous pousse toujours plus vers Christ, mais n'atteindra pas de repos en ce monde. Une fois rendus au ciel, Christ se tiendra continuellement devant nous et nous pourrons le contempler sans arrêt dans toute sa gloire. Cette vue ininterrompue rafraîchira et réjouira nos âmes pour l'éternité. Toutefois, nous ne pouvons pas comprendre à quoi ressemblera la vue finale de Dieu. Nous savons néanmoins que ceux qui ont le cœur pur verront Dieu (Matthieu 5.8), et même dans l'éternité Christ sera le seul moyen de communication entre Dieu et l'Église.

Pensons un moment aux saints de l'Ancien Testament. Ils ont vu en partie la gloire de Christ, mais seulement sous la forme de symboles voilés. Ils cherchaient l'accomplissement de toutes les promesses divines sur la venue du Fils de Dieu dans le monde. Il se trouvait bien souvent plus de la puissance de la vraie foi et du vrai amour dans leurs cœurs que nous pouvons en trouver dans ceux des croyants d'aujourd'hui. Jésus enfin venu, le vieux Siméon a pris l'enfant dans ses bras et a dit : « Seigneur, maintenant laisse-moi partir, laisse-moi mourir, car c'est ce que mon âme désirait » (Luc 2.28-29, paraphrase).

Nous possédons une révélation plus claire de la nature unique de Christ et de son œuvre que celle que les saints d'autrefois avaient. De plus, la vue que nous aurons de la gloire de Christ au ciel sera beaucoup plus claire et brillante que celle dont nous jouissons présentement. Si ces anciens saints ont prié si longtemps pour que les voiles et les symboles soient ôtés, et s'ils ont si ardemment désiré voir la gloire de Christ, à combien plus forte raison devrions-nous prier de voir sa gloire?

En pensant à la gloire de Christ, nous avons donc réalisé qu'elle était révélée en trois degrés. Les saints de l'Ancien Testament sous la loi avaient les symboles. Dans l'évangile, nous avons l'image parfaite. Mais nous devons attendre d'être au ciel, avec Christ, pour vivre la réalité.

Examinons-nous nous-mêmes pour voir si nous avançons sans arrêt vers une vision parfaite de la gloire de Christ au ciel. Si ce n'est pas le cas, c'est un signe indiscutable que notre foi est fausse. Si Christ est en nous, il est « l'espérance de la gloire » (Colossiens 1.27). Beaucoup de gens aiment bien trop le monde pour souhaiter que leur passage y soit bref afin d'aller à un endroit où ils peuvent voir la gloire de Christ. Ils s'intéressent davantage à leurs possessions, leurs affaires, ou leur famille. Ces gens-là voient la beauté de ce monde à travers le miroir de l'amour-propre, et leurs esprits sont changés en la même image égoïste! D'autre part, les vrais croyants, qui trouvent leur délice dans la contemplation de la gloire de Christ dans les Évangiles, sont transformés à son image.

Seul notre Seigneur Jésus-Christ comprend parfaitement la bénédiction éternelle qui sera donnée à ceux qui croient en lui. Il prie ainsi : « que… ceux que tu m'as donnés soient aussi avec moi, afin qu'ils contemplent ma gloire, celle que tu m'as donnée » (Jean 17.24). Si nous ne pouvons comprendre aujourd'hui qu'en partie ce que cette gloire signifie, nous devons au moins faire confiance à la sagesse et à l'amour de Christ, qui nous assurent qu'elle sera infiniment supérieure à tout plaisir que nous pouvons trouver ici-bas. Ne devons-nous pas espérer sans arrêt d'être inclus dans cette prière?

13. Une autre différence entre la vue présente de la gloire de Christ par la foi et la vue que nous en aurons au ciel

Lorsque nous regardons quelque chose d'éloigné et qu'un objet vienne devant, il disparaît de notre vue. Il en est parfois de même pour la foi. Nous voyons très peu, ou pas du tout, la gloire de Christ. Pendant que nous sommes dans cette vie, le Seigneur Christ, dans sa sagesse éternelle, se cache quelques fois à nos yeux. Job se plaignait qu'il ne pouvait pas voir Dieu ni à sa gauche, ni à sa droite (voir Job 23.8-9). Ésaïe écrit : « Certes tu es un Dieu qui te caches, Dieu d'Israël, sauveur! » (Ésaïe 45.15). Quant au psalmiste, il s'écrie « Jusques à quand, Éternel, te cacheras-tu sans cesse? » (Psaume 89.47).

Parfois, lorsqu'on écoute la prédication de la Parole, la gloire de Christ est cachée pour certains, alors que d'autres sont réchauffés et fortifiés (Jean 14.22)! Je dois maintenant essayer de répondre à deux questions :

1. Pourquoi le Seigneur Christ se cache-t-il parfois, et cache-t-il aussi sa gloire, à la foi des croyants? Il y a beaucoup de raisons, mais je n'en mentionnerai qu'une seule. Il agit ainsi pour nous pousser à le chercher de tout notre cœur. Trop souvent, notre sale paresse nous fait négliger la méditation sur les choses célestes. Toutefois, Christ est patient envers nous. Il sait que ceux qui ont aperçu une partie de sa gloire, bien qu'ils ne l'aient pas appréciée à sa juste valeur, ne peuvent supporter longtemps son absence. Il dit : « Je m'en irai, je reviendrai dans ma demeure, jusqu'à ce qu'ils s'avouent coupables et cherchent ma face. Dans la détresse, ils auront recours à moi » (Osée 5.15). Nous devrions donc être comme l'épouse qui cherchait son bien-aimé, sans le trouver au

début. Elle a dit : « Je me lèverai donc, et […] je chercherai celui que mon cœur aime. » Lorsqu'elle l'a trouvé, elle a dit : « Je l'ai saisi et ne le lâcherai plus » (voir Cantique des cantiques 3.1-5). Très souvent, nous sommes comme l'homme que le prophète a décrit au roi Achab : « Pendant que ton serviteur était en action çà et là, l'homme a disparu » (1 Rois 20.40). Christ s'engage envers nous, et nous ne devons pas l'abandonner. Mais pendant que nous nous occupons ici et là, nos esprits deviennent trop absorbés par les autres choses. C'est alors qu'il nous quitte et que nous ne pouvons plus le trouver.

2. Comment reconnaître le moment où Christ nous retire sa présence, de telle sorte que nous ne pouvons plus voir sa gloire? À ce point, je parle exclusivement à ceux dont l'inquiétude la plus grande est de garder une foi et un amour vivants envers Jésus-Christ. Sa présence dans nos vies a pour effet de nous pousser à l'imiter et à l'aimer beaucoup. Toutefois, nous avons ce désir ardent d'être comme lui seulement lorsque nous sommes conscients de vivre par la foi. Devenir de plus en plus semblables à Christ signifie grandir en grâce, en sainteté et en obéissance. Lorsque cette croissance semble s'interrompre, il nous est possible de savoir que Christ n'est pas avec nous.

Chez certains, les images et les crucifix laissent une forte impression. Mais l'effet produit par une image n'est qu'un effet naturel. Un Christ imaginaire n'aura pas d'effet spirituel dans les esprits des gens. Ce n'est que par la connaissance spirituelle de la gloire de Christ par le moyen de la foi que la grâce est communiquée, pour donner à l'âme la volonté d'être transformée avec joie à sa ressemblance. Si nos cœurs se refroidissent et font preuve d'inertie à l'égard des tâches spirituelles, c'est un signe que le Seigneur Christ nous a délaissés pour le moment. Mais le contraire est aussi vrai : si nous contemplons, par la foi, la gloire de Christ révélée dans l'évangile et si nous persévérons en de saintes pensées et méditations, nous ressentirons sa vie et sa grâce œuvrant en nous. Éprouvons cette vérité; notre amour pour lui ne pourra que grandir. C'est alors que nous aimerons aussi tous ceux qui lui appartiennent. C'est par l'activité de notre foi en Christ que le Saint-Esprit renouvelle nos âmes, par sa puissance transformatrice.

Nous venons premièrement à Christ afin d'avoir la vie. Mais nous venons également à lui en tant que croyants afin d'obtenir une vie plus abondante (Jean 10.10). Tout comme il fait des reproches à ceux qui ne veulent pas aller à lui pour avoir la vie, il pourrait aussi nous faire des reproches, parce que nous n'allons pas à lui assez souvent, par la foi, en vue de recevoir plus abondamment la vie de lui.

Bon nombre disent qu'ils sont chrétiens, mais vivent une vie insouciante, sans se préoccuper des vraies bénédictions spirituelles. Ils n'ont pas connu le saint rafraîchissement spirituel que le Seigneur Christ nous procure par son Esprit, le Consolateur. Parmi ces bénédictions, nous trouvons la paix spirituelle, le rafraîchissement de la consolation, une joie inexprimable et une assurance bénie. Si nous ne faisons pas l'expérience de telles bénédictions, notre christianisme sera dépourvu de cœur, sans vie et inutile. Comment prétendre croire aux promesses concernant la gloire éternelle au ciel si nous ne croyons pas au bienfait promis par ces bénédictions ici et maintenant?

Christ dit à quiconque l'aime : « moi aussi je l'aimerai et je me manifesterai à lui… et mon Père l'aimera; nous viendrons vers lui et nous ferons notre demeure chez lui » (Jean 14.21, 23). Lorsqu'il vient à nous et se révèle, il nous apporte toujours la paix, la consolation, la joie et l'assurance. Nous festoyons avec lui par le moyen de ces rafraîchissements spirituels (voir Apocalypse 3.20). Si on nous demande comment faire pour recevoir de telles bénédictions, nous répondons que c'est en regardant par la foi à la gloire de Christ (voir 1 Pierre 1.9-10). Méditons sur la gloire de la nature unique de Christ, sur son humiliation volontaire au moment de venir en ce monde, sur sa position actuelle dans les cieux les plus élevés, sur son amour et sa grâce. Dans quelque mesure, son amour touchera alors nos cœurs, car il constitue la source de toutes nos consolations spirituelles (voir Jean 4.14; Romains 5.5). Lorsque nous perdons ces bénédictions, nous savons que la présence de Christ nous a délaissés pour un moment et que nous ne pouvons voir sa gloire.

Cependant, le Seigneur Christ nous cache sa gloire parce qu'il veut nous pousser à utiliser la grâce qu'il nous a donnée et que nous le recherchions de tout notre cœur. Ressentez-vous que la vie et la joie vous ont quittés? Vous ne sentez pas l'amour de Christ dans vos cœurs? Il n'y a pas d'autre remède que de se tourner vers Christ. Tous nos problèmes spirituels viennent de nous-mêmes, des convoitises mauvaises qui demeurent en nous, bien souvent inspirées par les tentations de Satan. Nous devons regarder constamment à la gloire de Christ, par la foi seule, et ainsi la vie, la joie et l'amour reviendront remplir nos cœurs et nos âmes.

Si nous nous contentons de traiter la gloire de Christ seulement comme une information trouvée dans l'Écriture, une simple idée, nous découvrirons qu'elle n'a pas le pouvoir de changer nos vies. Aimons Christ de tout notre cœur; que nos pensées en fassent leurs délices; faisons-lui confiance sans arrêt; et alors une vertu procédera de lui pour purifier nos cœurs, approfondir notre sainteté, fortifier nos grâces et nous remplir parfois d'une « allégresse indicible et glorieuse » (1 Pierre 1.8). C'est une bonne chose que l'amour de notre cœur soit vivifié en même temps que notre intelligence est illuminée. Le savoir, sans l'amour, engendre un formalisme vide de sens. L'amour, sans le savoir, fait naître la superstition.

Si un croyant aime le monde et les choses de cette vie, sa foi est affaiblie et son esprit ne voit pas de façon constante la gloire de Christ. Mais quiconque possède une vue spirituelle de la gloire de Christ éprouvera pour lui un grand amour, et son esprit sera rempli de pensées à son sujet (voir Philippiens 3.8-10; Colossiens 3.1-2).

Partout où l'évangile est prêché, Satan aveugle les esprits de ceux qui ne croient pas, « afin qu'ils ne voient pas resplendir le glorieux Évangile du Christ, qui est l'image de Dieu » (2 Corinthiens 4.4). Mais Dieu le maîtrise pour le salut des élus et resplendit dans leurs cœurs « pour faire resplendir la connaissance de la gloire de Dieu sur la face de Christ » (2 Corinthiens 4.6). Néanmoins, Satan n'abandonne pas la partie. Il dispose de toutes sortes de façons de troubler les cœurs des croyants. Ses traits enflammés suscitent en eux des craintes et des doutes, de telle sorte qu'ils ne peuvent sentir l'amour de Christ. Il en rend d'autres insouciants, faisant ainsi en sorte qu'ils ne s'examinent pas eux-mêmes pour voir si Christ est en eux (2 Corinthiens 13.5). C'est de cette manière que bon nombre délaissent la recherche de l'expérience de la puissance et de la grâce de l'évangile pour leurs âmes, et ne découvrent jamais les aspects de la gloire de Christ qu'ils pourraient connaître.

Traitons maintenant de la vue que nous aurons de la gloire de Christ au ciel.

1. La capacité et l'activité de nos âmes seront rendues parfaites. Nous serons comme les « esprits des justes parvenus à la perfection » (Hébreux 12.23). Nous serons libérés de toutes les limites de la chair. Nous serons faits parfaits en pureté et sainteté, comme Dieu. Nos corps glorifiés seront capables d'être en présence de la gloire de Christ pour l'éternité. Notre compréhension sera parfaite, car nous verrons Dieu, et tous les sentiments de notre cœur se porteront vers lui. Dans notre condition actuelle de faiblesse, nous sommes parfois obligés d'oublier ces réalités, tout comme l'on détourne le regard du soleil à cause de sa lumière. Mais dans cette condition parfaite, nous pourrons regarder sans cesse

la gloire et en faire éternellement nos délices. David dit : « Pour moi, avec justice, je verrai ta face; dès le réveil, je me rassasierai de ton image » (Psaume 17.15). Nous ne nous fatiguerons jamais de regarder Christ qui est lui seul à la ressemblance de Dieu et son image. Nous marchons actuellement par la foi, mais alors nous sera donnée la puissance éternelle de le voir comme il est, face à face, en y prenant plaisir pour l'éternité (voir Apocalypse 4.8).

2.   Être en enfer, sous la colère de Dieu, est en soi le plus grand mal possible. Mais y être pour l'éternité, dans une misère sans fin, est un mal indescriptible qui dépasse notre entendement. De même, la bénédiction à venir de la vie éternelle sera sans fin et sans interruption. Nous serons « toujours avec le Seigneur » (1 Thessaloniciens 4.17). Nous n'aurons plus besoin des moyens que nous utilisons actuellement pour adorer Dieu. Être toujours avec Dieu et l'Agneau, sans pause et sans aucun intermédiaire, nous comblera parfaitement. « Car le Seigneur Dieu Tout-Puissant est son temple, ainsi que l'Agneau. La ville n'a besoin ni du soleil ni de la lune pour y briller car la gloire de Dieu l'éclaire, et l'Agneau est son flambeau » (Apocalypse 21.22-23). Pour les saints, être au ciel, dans la présence perpétuelle de Christ, c'est vivre continuellement dans la lumière et la gloire. Nous serons dans un état de victoire perpétuelle sur le doute et la crainte (voir 1 Corinthiens 15.55-57). Notre vue de la gloire de Christ sera toujours identique, néanmoins toujours renouvelée, sans rien qui trouble notre esprit. Nous vivrons dans la perfection d'une vie bénie qui tourne autour du but le plus parfait, la gloire de Christ. Cette expérience est la plus grande bénédiction possible pour notre nature humaine.

14. Autres différences entre la vue que nous avons aujourd'hui de la gloire de Christ par la foi et la vue que nous en aurons au ciel

1. Aujourd'hui, en étudiant les Écritures, nous obtenons une compréhension spirituelle de la gloire de Christ par la foi. La lumière de cette révélation est répartie dans tous les livres de l'Ancien et du Nouveau Testaments, tout comme la lumière naturelle nous parvient par le moyen du soleil, de la lune et des étoiles. Si toute la lumière était concentrée dans une seule source, nous ne pourrions la supporter. De même, dans les Écritures, la gloire de Christ est décrite peu à peu et de diverses façons. Parfois, c'est par des mots clairs; à d'autres moments, par des types et des figures illustrant son humilité et son amour pour nous. Diverses vérités sont éparpillées au travers de la Bible et nous devons les recueillir comme de belles fleurs. Dans Cantique des Cantiques 5.10-16, l'épouse pense à toutes les qualités de son bien-aimé, et elle en conclut que « tout ce qui est en lui est aimable ». En découvrant peu à peu toutes les qualités de Christ, nous découvrons donc que l'entièreté de sa personne est glorieuse.

Cependant, au ciel, la gloire de Christ nous sera présentée dans sa plénitude. Nous pourrons, dans la lumière de la gloire, la supporter. À l'heure actuelle, il nous est impossible d'imager la beauté et la gloire de Christ contemplé dans son entièreté. Nous comprendrons alors instantanément ce qu'il a fait et souffert, la place exaltée qu'il détient maintenant, son union avec l'Église, et comment toutes choses sont rassemblées en lui. Nous verrons la gloire de Dieu, sa sagesse, sa justice, sa grâce, son amour, sa bonté et sa puissance, qui resplendiront tous pour l'éternité en Christ. Nous pouvons le désirer et même y goûter un peu dans la vie présente, mais l'entière connaissance de Christ se trouve dans sa gloire céleste, là où sont pour l'éternité les eaux de la vie et les fleuves des délices.

2.   La vue que nous aurons de la gloire de Christ au ciel nous transformera parfaitement et complètement à sa ressemblance. « Nous serons semblables à lui, parce que nous le verrons tel qu'il est » (1 Jean 3.2). Examinons cela de plus près.

i.   Lorsque l'âme quitte le corps, elle est immédiatement libérée de toute faiblesse, infirmité, ténèbres et crainte. La nature pécheresse n'existe plus. La mort était le jugement de Dieu pour le péché, mais parce que Christ est mort pour nous, nous recevons la miséricorde (voir 1 Corinthiens 15.54). Toutefois, les incroyants doivent recevoir la récompense de leur incrédulité : leurs âmes seront bannies de la présence de Dieu.

ii.   Les croyants, qui ont été libérés du fardeau de leur nature pécheresse, découvrent que leurs esprits peuvent atteindre le but pour lequel ils ont été créés. Ils peuvent prendre plaisir en Dieu avec une facilité et un contentement appréciables. De plus, à la résurrection, le nouveau corps glorifié ne sera jamais un obstacle aux activités spirituelles, mais plutôt une aide. Nos yeux ont été faits pour voir notre Rédempteur, et tous nos autres sens serviront à la communion avec lui.

iii.   Nous ne serons pas amenés en présence de Christ sans qu'une nouvelle puissance nous ait auparavant été donnée, une capacité céleste, de voir le Seigneur Christ comme il est. Cette capacité glorieuse prendra la place de la foi, dont nous n'avons besoin que dans la vie présente.

iv.   Lorsque les croyants verront la gloire de Christ les premiers, ils seront instantanément et complètement transformés à sa ressemblance. Lorsque le péché est entré dans le monde et qu'Adam a été chassé du jardin d'Éden, Dieu a dit, en le condamnant, « l'homme est devenu comme l'un de nous pour la connaissance du bien et du mal » (Genèse 3.22). Lorsque l'œuvre de la grâce est terminée, Dieu peut dire, en des mots semblables, toutefois non dans sa colère, mais dans son amour et sa bonté infinie, que « l'homme est devenu comme l'un de nous ». Dans la vie présente, notre foi en Christ entraîne un certain changement graduel en nous, quoiqu'incomplet. Nous devons faire l'expérience de tels changements aujourd'hui même si nous voulons avoir l'assurance d'être rétablis dans la perfection pour l'éternité, à la ressemblance de Dieu (voir 2 Corinthiens 3.18; 4.16-18; Philippiens 3.10-14).

3.   Même au ciel, toutes les créatures doivent dépendre éternellement de Dieu pour vivre, car il est la fontaine éternelle de toute vie, de tout bienfait et de toute bénédiction. Dans la gloire, nous ne serons pas plus autonomes que nous le sommes aujourd'hui. Tout nous sera présenté par l'intermédiaire de Jésus-Christ, car toutes choses dans le ciel et sur la terre sont rassemblées en lui (voir Éphésiens 1.10-11). Nous ne pourrons demeurer dans le bonheur et la gloire qu'en dépendant entièrement de Dieu, qui donne toutes ces choses par Christ. Nous ne nous fatiguerons jamais de voir Christ au ciel. L'objet infini de notre vue glorifiée sera incommensurable et toujours nouveau pour notre intelligence limitée. Notre bonheur subsistera dans les dons qui nous seront continuellement renouvelés par la plénitude infinie de la nature de Dieu.

La vie de gloire à venir est tellement plus grande que la présente vie par la foi. Néanmoins, on ne trouve dans le monde aucune joie ni aucun contentement qui puisse se comparer à la faible et imparfaite vue par la foi de la gloire de Christ. Même la vue modeste que nous procure la foi nous fait tellement goûter à la bénédiction à venir de posséder Christ, que nous sommes poussés à soupirer après le jour où nous le verrons, où nous serons avec lui et le connaîtrons comme il nous a connus.

15. *Appel urgent à ceux qui ne sont pas encore de vrais croyants en Christ*

Bien souvent lorsque les Évangiles décrivent l'excellence de Christ en tant que Sauveur, ils incluent aussi une invitation aux pécheurs à aller à lui. Il convient donc, dans ces derniers chapitres de notre étude de la gloire de Dieu, d'établir le lien entre cette vérité et nos besoins en tant que pécheurs. Christ a dit : « Venez à moi, vous tous qui êtes fatigués et chargés, et je vous donnerai du repos » (Matthieu 11.28) et « Si quelqu'un a soif, qu'il vienne à moi et qu'il boive » (Jean 7.37). Il y a plusieurs raisons d'écouter cette invitation :

1. Beaucoup entendent la prédication de la Parole, mais peu sont sauvés. « Car il y a beaucoup d'appelés, mais peu d'élus » (Matthieu 22.14). Y a-t-il plus grande folie dans le monde que de remettre à plus tard la considération de notre condition éternelle, à un temps indéterminé qui pourrait ne jamais venir?

2. Si vous dites être chrétien et que vous possédez les bénédictions externes de l'évangile, ne pensez pas que cela signifie nécessairement que vous appartenez à Christ. Peut-être vous comparez-vous aux autres et pensez-vous être mieux que certains autres. Mais si, pour votre salut, vous dépendez de quelque manière de ce que vous êtes, ou faites, vous abuserez éternellement vos âmes (Matthieu 3.9).

3. À moins d'être entièrement convaincus que sans Christ nous sommes éternellement maudits de Dieu, comme étant ses pires ennemis, nous ne chercherons jamais notre refuge en lui. « Car je ne suis pas venu appeler des justes, mais des pécheurs » dit Christ (Matthieu 9.13). Si nous ne sommes pas encore sauvés,

notre principale préoccupation devrait donc être d'obtenir une impression profonde de la condition misérable de perdition de nos âmes.

4.   Pensez maintenant à l'amour infini de Christ, à ce qu'il vous a appelés à venir à lui pour obtenir la vie, la miséricorde, la grâce, la paix et le salut éternel. Nous trouvons tellement d'exhortations dans l'Écriture qui s'adressent aux pécheurs perdus et convaincus de l'être. Jésus-Christ se tient encore devant les pécheurs pour les appeler, les inviter et les encourager à venir à lui. Au travers la prédication des ministres chrétiens, Christ dit : « Pourquoi mourriez-vous? Pourquoi ne pas avoir pitié de vos âmes? Venez à moi et j'ôterai tous vos péchés, vos peines, vos craintes et vos fardeaux. Je donnerai du repos à vos âmes. » Considérez la grandeur de la miséricorde, de la grâce et de l'amour dont il fait preuve en vous appelant si instamment à lui. Ne laissez pas le poison de l'incrédulité, qui mène inévitablement à la ruine éternelle, vous faire mépriser cette sainte invitation à venir à Christ.

5.   Vous commencez peut-être à venir à lui, mais craignez qu'il ne vous reçoive pas parce que vous avez été un trop grand pécheur. Mais l'évangile parle autrement : il dit que Christ est prêt à recevoir chaque pécheur qui vient à lui. Le Père, le Fils et le Saint-Esprit sont tous d'accord que le Seigneur Christ est prêt à recevoir tous les pécheurs qui viennent à lui. Rien, mis à part une incrédulité obstinée faisant de Dieu un menteur, ne suggère qu'il ne veuille pas nous recevoir lorsque nous venons à lui.

6.   Considérez bien que Christ est autant capable de nous sauver qu'il est capable de nous recevoir. Il ne sauvera pas des pécheurs incrédules qui ne se repentent pas de leurs péchés. Cela équivaudrait à se renier lui-même et à agir contrairement à sa parole. Rien ne peut faire obstacle à la toute-puissance souveraine et irrésistible qui peut sauver ceux qui se repentent. « Tout pouvoir

m'a été donné dans le ciel et sur la terre » (Matthieu 28.18). Il dit : « Tout ce que le Père me donne viendra à moi, et je ne jetterai point dehors celui qui vient à moi » (Jean 6.37).

7.   Considérez attentivement le Dieu infiniment sage et gracieux, qui a pour dessein de réunir en Christ sa miséricorde, son amour, sa grâce, sa bonté, sa justice, sa sagesse et sa puissance, pour le salut de quiconque croit. Par conséquent, quiconque vient à Christ par la foi honore de ce fait Dieu. Quand nous venons à Christ par la foi, Dieu est davantage glorifié que si nous pouvions garder toute la loi. Ne vous abusez pas : le choix de venir ou non à Christ ne constitue pas un geste de peu d'importance. Refuser d'aller à Christ est la plus grande manifestation de haine envers Dieu dont votre nature soit capable.

8.   En venant à lui, considérez la profondeur de l'intimité de la relation que vous aurez avec Christ, qui surpasse celle que vous partagez avec votre femme, votre mari ou vos enfants. Christ est plus près des croyants qu'aucune autre personne dans la création ne peut l'être. Cela signifie que la gloire de Christ vous appartient lorsque vous venez à lui. Est-ce peu de chose à vos yeux que Christ puisse être à vous? Toute sa gloire et sa bénédiction éternelles ne valent-elles rien pour vous?

9.   « Comment échapperons-nous, si nous négligeons un si grand salut? » (Hébreux 2.3). Les incroyants qui ne se repentent pas lorsqu'ils entendent la prédication de l'Évangile sont les créatures de Dieu les plus méchantes et les plus ingrates. Même les démons, aussi mauvais qu'ils soient, ne sont pas coupables de ce péché, car ils n'ont jamais eu l'occasion de recevoir le salut.

Quelqu'un dira : « Que ferons-nous donc? » Écoutez le conseil de l'apôtre : « Aujourd'hui, si vous entendez sa voix, n'endurcissez pas vos cœurs » (Hébreux 3.7-8). « Voici maintenant

le temps vraiment favorable, voici maintenant le jour du salut »
(2 Corinthiens 6.2). Vous pouvez obtenir l'assurance de votre salut
aujourd'hui même; ne repoussez pas cette occasion à un avenir
hypothétique. Christ vous a attendu longtemps; qui sait quand il
vous abandonnera à vous-mêmes? C'est alors que vous ne pourrez
plus jamais le trouver.

L'incrédulité se dissimule souvent derrière d'autres attitudes,
telles que celles-ci :

i.   Certains disent : « Autant que nous le pouvons, nous croyons
     à la Parole qui est prêchée. Nous faisons plusieurs choses
     volontairement et prenons garde de ne pas faire le mal. Que
     demander de plus? » En pensant avoir rempli leur devoir, ceux-
     ci posent la même question que le peuple a demandée à Jésus en
     Jean 6.28 : « Que ferons-nous afin de travailler pour les œuvres
     de Dieu? » Simon le magicien a entendu la Parole et y a cru
     autant que possible. Hérode a entendu la prédication de Jean.
     Mais ni l'un ni l'autre n'était vraiment croyant. Les incroyants
     peuvent faire toutes ces choses. Toutes sortes d'hypocrites
     accomplissent toutes sortes de tâches sans posséder la vraie
     foi. Leur incrédulité est masquée par toute leur activité.

     Il existe un acte de foi particulier selon lequel on obéit
     volontairement à Dieu en toutes choses. Cet acte distinctif est
     accompagné d'un changement qui bouleverse complètement la
     nature. « Si quelqu'un est en Christ, il est une nouvelle créature.
     Les choses anciennes sont passées; voici : toutes choses sont
     devenues nouvelles » (2 Corinthiens 5.17). Sans cet acte de
     foi à la base, aucun autre acte ne prouve qu'une personne soit
     un croyant.

ii. Certains disent avoir tenté de venir à Christ et de croire en lui,
     mais ils ne semblent faire aucun progrès. Ils désespèrent en
     eux-mêmes de le recevoir de la façon décrite dans l'évangile.

Je veux rappeler à ces personnes que les disciples ont pêché toute la nuit, mais n'ont rien attrapé (voir Luc 5.3-6). Christ vient à eux et leur dit de jeter leurs filets une fois de plus. Pierre rappelle au Seigneur combien ils ont durement travaillé toute la nuit en vain; mais il écoute le Maître et jette le filet, puis le filet se brise en raison du grand nombre de poissons capturés. Êtes-vous las et déçus des efforts que vous mettez à venir à Christ? Essayez encore une fois. Cette fois, il pourrait vous donner de réussir.

Vous serez détruits, non à cause de vos échecs, mais parce que vous ne tentez plus de venir à Christ. Pensez à la femme de Canaan en Matthieu 15.22-28. En premier, Christ ne lui a pas répondu. Ensuite, les disciples lui ont demandé de la renvoyer. De plus, Jésus a ajouté qu'il n'était venu que pour les Israélites. Néanmoins, elle n'a pas abandonné la cause, mais a adoré Jésus et a dit : « Seigneur, aide-moi ». Il l'a par la suite comparé aux chiens qui n'ont pas le droit de manger le pain des enfants. Si elle avait abandonné la partie à ce point, elle n'aurait jamais obtenu miséricorde. Mais elle n'acceptait pas « non » comme réponse, jusqu'à ce qu'elle soit exaucée. Peut-être avez-vous vraiment prié plusieurs fois sans obtenir de succès. Mais n'abandonnez pas. « Heureux l'homme qui m'écoute, qui veille de jour en jour à mon seuil, qui monte la garde près des montants de mes portes! » (Proverbes 8.34). « Connaissons, cherchons à connaître l'Éternel » (Osée 6.3).

iii. Certains disent savoir qu'ils doivent venir à Christ et croire en lui ou sinon périr, mais sont trop occupés et pensent avoir le temps d'y réfléchir sérieusement plus tard. Y a-t-il plus grande folie que de penser que les pacotilles de la vie présente sont plus importantes qu'un état éternel de bonheur ou de misère? Vous venez pour entendre la parole, et votre cœur dit : « Un peu de sommeil, un peu d'assoupissement, un peu croiser les mains en te couchant… » (Proverbes 6.10). Étant séduits par cette ruse, des milliers de gens meurent chaque jour. La plus grande réussite de Satan consiste à faire croire aux gens qu'ils ont tout le temps du monde pour considérer leur bien-être éternel avant de mourir. N'oubliez pas, l'Écriture dit aujourd'hui, sans vous garantir que vous aurez un autre jour pour recevoir la grâce et la miséricorde (voir 2 Corinthiens 6.2; Hébreux 3.7, 13).

iv. Certains aiment tellement leurs plaisirs pécheurs de la vie présente qu'ils ne peuvent s'en séparer. Si c'est votre cas, il est de notre devoir de vous garantir explicitement que vous ne pouvez pas vous attendre à recevoir miséricorde si votre cœur reste attaché même à un seul péché. Bien sûr que vous ne serez pas complètement libéré de votre vieille nature pécheresse lorsque vous deviendrez un vrai croyant. Mais vous ne pouvez qu'aimer Dieu, ou le monde; Christ, ou Satan; la sainteté, ou le péché. Il n'y a pas de troisième choix (voir 2 Corinthiens 6.15-18). À l'égard de vos supposés plaisirs, à moins d'être en Christ, vous n'avez jamais connu de vrai plaisir. Éprouver la joie qui ne se trouve qu'en lui pendant quelques instants surpasse de loin les plus longues heures passées dans les plaisirs incrédules de ce monde, sur lequel repose la malédiction de Dieu (voir Proverbes 3.13-18).

v.   Certains affirment que certains croyants chrétiens qu'ils connaissent ne sont pas meilleurs qu'eux-mêmes et que, par conséquent, ils devraient eux aussi être considérés comme chrétiens. À de telles gens, je dis que certains qui se disent chrétiens sont des imposteurs, prétendant être ce qu'ils ne sont pas. Mais ils auront leur propre jugement à supporter. Également, il est malheureusement vrai que certains vrais croyants ne font pas attention à la façon dont ils vivent et déplaisent à Dieu et déshonorent Christ et l'évangile. Ils ne sont pas les modèles que vous devez imiter.

Le monde ne peut juger les croyants équitablement. Seule une personne spirituelle peut discerner les choses de Dieu (voir 1 Corinthiens 2.14). Les fautes et les échecs des saints sont vus par tout le monde, mais leurs grâces demeurent bien souvent inaperçues. « Toute glorieuse est la fille du roi dans l'intérieur du palais » (Psaume 45.14). Si vous pouvez discerner avec justesse les autres vrais croyants, vous ne désirerez rien d'autre que d'être en leur compagnie (voir Psaume 16.3).

16. Comment les chrétiens peuvent être remplis de grâce et renouveler leur vie spirituelle

Les cours d'eau s'élargissent et s'approfondissent lorsqu'ils s'approchent de l'océan; de même, la grâce doit couler encore plus abondamment et librement dans les croyants à mesure qu'ils s'approchent du ciel. En s'approchant de l'éternité, les croyants désirent ardemment que leurs chutes soient effacées et leurs échecs pardonnés. Ils désirent de nouveaux mouvements de la grâce divine afin de porter plus de fruits et d'être plus saints, et que cela tourne à la louange de Dieu et augmente leur paix et leur joie. Ils veulent savoir que bien que leur « homme extérieur se détruit, [leur] homme intérieur se renouvelle de jour en jour » (2 Corinthiens 4.16). La gloire des rois repose sur la prospérité et la paix de leurs sujets; ainsi, la gloire de Christ repose sur la grâce et la sainteté de ses sujets. En Psaume 92.13, le psalmiste dit : « Les justes fleurissent comme le palmier, ils croissent comme le cèdre du Liban. Plantés dans la maison de l'Éternel, ils fleurissent dans les parvis de notre Dieu; ils sont encore féconds dans la vieillesse, ils sont pleins de sève et verdoyants, pour annoncer que l'Éternel est droit. Il est mon rocher, et il n'y a pas d'injustice en lui. »

Le palmier est plus beau et porte plus de fruits que n'importe quel autre arbre; quant au cèdre, il vit plus longtemps qu'aucun autre. C'est pourquoi les justes sont comparés à ces arbres, mais à cause de leur négligence coupable, bon nombre de chrétiens ressemblent plutôt à des buissons dans le désert. À moins d'être plantés dans la maison du Seigneur, nous ne pouvons pas fleurir. Ne nous abusons pas nous-mêmes. Il se peut que nous appartenions à une Église, mais à moins d'être enracinés et édifiés en Jésus-Christ, nous ne porterons pas la fleur de la grâce et des fruits (Colossiens 2.7). Lorsque les croyants vivent en Christ, ils reçoivent continuellement une provision de nourriture céleste qui les garde forts et en santé. Le fruit d'une sainte obéissance se voit en eux. Cela rend leur vie attirante pour les autres. Que Dieu soit béni pour sa bonne parole de grâce, qui nous encourage lorsque nous ressentons la mort et les tentations de la vieillesse. Rien sinon la fidélité et la puissance de Dieu ne peut nous préserver jusqu'à la fin.

Je veux conclure par les quatre points suivants :

1.   Il est normalement dans la nature de la vie spirituelle de grandir et d'avancer jusqu'à la fin. Il y a une sorte de foi qui est temporaire, qui se flétrit et se fane. Notre Seigneur Jésus-Christ la décrit ainsi : « Celui qui a reçu la semence dans les endroits pierreux, c'est celui qui entend la parole et la reçoit aussitôt avec joie, mais il n'a pas de racine en lui-même, il est l'homme d'un moment et, dès que survient une tribulation ou une persécution à cause de la parole, il y trouve une occasion de chute » (Matthieu 13.20-21). La vraie foi, quant à elle, est décrite dans Proverbes 4.18 : « Le sentier des justes est comme la lumière resplendissante dont l'éclat va croissant jusqu'au plein jour. » La lumière du matin est pratiquement identique à la lumière du soir. La différence est que la première donne plus de lumière jusqu'à ce qu'elle atteigne la perfection, mais que l'autre s'assombrit de plus en plus jusqu'à ce que vienne minuit. Telle est la différence entre le vrai croyant et celui qui n'a aucune vie spirituelle en lui. Si la grâce qui sauve est présente, elle continuera de s'accroître jusqu'à la fin. Quelques fois, il peut y avoir une période où l'âme semble retourner en arrière plutôt qu'aller de l'avant. C'est alors que la grâce de Dieu ne lui donnera aucun repos jusqu'à ce qu'elle se rétablisse et recommence à croître. Ceux qui ne sont pas de vrais croyants sont séduits par leurs propres âmes et ne font aucun effort pour se relever de la ruine éternelle qui les attend. Parfois, après avoir été converti, le croyant se trouve dans de grandes ténèbres et dans un grand trouble en raison

des tentations de Satan. Mais la grâce qu'il a reçue comme lumière du matin continue d'augmenter malgré les nuages et les ténèbres.

La vie spirituelle est aussi comparable à des eaux vives, un puits intarissable qui jaillit dans la vie éternelle (voir Jean 4.10, 14). Un étang, peu importe sa grandeur, peut s'assécher complètement par temps de sécheresse. De même, la vie de bon nombre qui se disent chrétiens s'assèche lorsque survient un problème ou une tentation. La vie spirituelle d'un vrai croyant ne peut jamais disparaître, mais plutôt elle continue de jaillir.

Les promesses de Dieu ont été les moyens par lesquels nous avons premièrement cru. C'est aussi grâce à ces promesses précieuses que la nature divine est conservée vivante en nous (voir 2 Pierre 1.4). Prenons le temps d'examiner l'une de ces promesses : « Car je répandrai des eaux sur le sol altéré et des ruisseaux sur la terre desséchée; je répandrai mon Esprit sur ta descendance et ma bénédiction sur ta progéniture. Ils germeront au beau milieu de l'herbe, comme les saules près des courants d'eaux » (Ésaïe 44.3-4). Il ne s'agit pas d'une promesse faite seulement aux Juifs, mais aussi à l'Église de Jésus-Christ. En nous-mêmes, nous sommes assoiffés et sommes une terre sèche, ne portant aucun fruit. Mais quand Dieu verse l'eau de son Esprit et la bénédiction de sa grâce, nous croissons alors sous l'influence de ses promesses, comme un arbre près d'un cours d'eau.

Quant à la grâce donnée au moment de la conversion au peuple choisi de Dieu sous la nouvelle alliance, elle est absolument gratuite et inconditionnelle. Mais des conditions sont liées aux promesses qui permettent aux croyants de croître dans la grâce. Nous devons soigneusement obéir à l'évangile afin de porter du fruit spirituel (voir 2 Pierre 1.4-10). La principale différence entre la gloire et la beauté de l'Église révélée dans les promesses de l'évangile et la vie de l'Église démontrée chez ceux qui professent être chrétiens, c'est que ces derniers ne satisfont pas ces conditions.

Dieu ne laisse pas notre vie spirituelle sans nourriture, car il veut que nous croissions et devenions forts. C'est bien ce que dit la Parole de Dieu (voir 1 Pierre 2.2-3). Si nous ne prenons pas notre nourriture quotidienne, nous devenons faibles et inutiles. Nous devons donc apprécier la bonne parole de la grâce de Dieu et nous en nourrir, car elle a la puissance de garder notre vie spirituelle en santé et de la faire croître, et ce, même dans la vieillesse.

2.	On peut s'attendre à ce que les croyants soient exposés à des tentations et qu'ils se fatiguent dans leur vie spirituelle. Mais un vrai croyant saura toujours lorsqu'il souffre d'une maladie spirituelle quelconque et cherchera à s'en remettre au plus tôt. Tous les croyants de toutes les Églises dans le monde apprennent tristement dans leur vie qu'un affaiblissement général de la vie spirituelle entraîne la perte de leur première foi, de leur premier amour et de leurs premières œuvres. C'était le cas des Églises d'Asie auxquelles Jean a écrit les lettres d'Apocalypse 2 et 3.

Il y a aussi une sorte de tentation qui est soudaine et qui entraîne une grande détresse spirituelle. David fait référence à un tel événement dans le Psaume 38. Il ressentait qu'il s'était éloigné de Dieu et qu'il avait stupidement persévéré dans cet état de péché plutôt que de chercher à obtenir miséricorde. Il ressentait continuellement le déplaisir de Dieu et cherchait à être réchappé de cette condition de misère. Peut-être que nous ne chuterons pas aussi profondément que David, mais peu importe notre degré de péché, le cœur connaît sa propre amertume (voir Proverbes 14.10). Il y a plusieurs choses qui engendrent une perte graduelle de vie et de puissance spirituelles. Nous devenons tellement habitués au culte public et à la dévotion privée dans leurs formes respectives, qu'elles nous intéressent de moins en moins. Il se peut que nous soyons trop occupés par les choses et les plaisirs de cette vie, et que nous ne mettions pas à mort les péchés qui nous attirent si naturellement.

3.   Plusieurs qui se disent chrétiens ne prennent plus plaisir à la vie et au fruit engendré par la foi dans les promesses de Dieu. Ils doivent être remués pour se rendre compte qu'ils sont malades et ont besoin d'un remède. Plusieurs croyants se sont adonnés à la paresse, à la négligence ou à une autre tentation. David connaissait bien cette réalité et a exprimé sa joie d'être guéri dans le Psaume 103.1-5. Dieu a donné de grands avertissements à propos du danger posé par le gaspillage spirituel, mais aussi de grandes promesses visant notre guérison. Si vous ne savez pas de quoi nous parlons, c'est peut-être parce que votre âme n'a jamais été forte et en santé. Si quelqu'un a été faible et malade toute sa vie, il ne sait pas ce que c'est qu'être fort et en santé. Certains vivent dans toutes sortes de péchés. Si vous leur dites que leurs voies sont mauvaises et qu'ils ont besoin d'être guéris, ils vous traiteront comme les beaux-fils de Lot l'ont traité. « Mais aux yeux de ses gendres, il parut plaisanter » (Genèse 19.14). De telles gens devraient se demander s'ils ont déjà vraiment fait l'expérience de la grâce de Dieu. Il se peut aussi que vous dormiez en raison d'un faux sentiment de sécurité. Vous êtes comme l'Église de Laodicée, qui disait n'avoir « besoin de rien » et qui ne savait pas qu'elle était « [malheureuse], misérable, pauvre, aveugle, et [nue] » (Apocalypse 3.17). Comme Éphraïm, vous avez des cheveux gris et êtes mourants, toutefois vous « [ne revenez pas] à l'Éternel [votre] Dieu, et malgré tout cela, [vous ne le recherchez pas] » (Osée 7.10). Vous êtes comme ceux que Christ a appelés « les bien portants », qui « n'ont pas besoin de médecin ». Mais il n'est pas « venu appeler des justes, mais des pécheurs » (Marc 2.17).

Se peut-il que bon nombre d'entre nous se soient fatigués de Dieu, tout comme son peuple par le passé? « Car tu t'es lassé de moi, ô Israël! » (Ésaïe 43.22). Bien souvent, nous ne maintenons pas de façon régulière la prière familiale, et n'avons pas vraiment le désir d'assister au culte divin. Toutefois, même quand nous pratiquons ces devoirs régulièrement, nous nous fatiguons et nous nous approchons de Dieu avec nos lèvres alors que nos cœurs sont fort éloignés de lui (voir Matthieu 15.8). Nous avons vraiment un grand besoin de veiller et de prier. Dans le cours normal de la vie, une multitude de choses nous fatiguent et nous empêchent de réveiller toute la grâce que Dieu nous a donnée. Plus particulièrement, si nous ne nous occupons pas d'un péché qui continue de faire partie de notre vie, l'adoration de Dieu nous semblera être un fardeau épuisant.

Les choses qui glorifient le plus Dieu sont l'humilité, une vraie tristesse à cause du péché, un désir ardent de marcher dans les voies de Dieu et d'en faire nos délices, l'amour et le renoncement à soi-même. Portons-nous du fruit par rapport à ces choses, même dans la vieillesse (voir 2 Pierre 1.8)? Nous pouvons nous examiner de la façon suivante.

i.   Éprouvons-nous une faim spirituelle pour la Parole de Dieu et faisons-nous l'expérience de la grâce de Dieu? Certains écoutent la prédication seulement pour justifier leurs propres idées. D'autres ne font que juger le prédicateur. Seul un petit nombre se prépare à recevoir la Parole de Dieu dans leurs cœurs. Quand nous vieillissons, nous perdons beaucoup de notre appétit naturel pour la nourriture. Nous disons que les aliments n'ont plus aussi bon goût que lorsque nous étions jeunes. Pourtant, c'est nous qui changeons, et non la nourriture. C'est la même chose pour la Parole de Dieu, que le psalmiste déclare être plus douce que le miel, même que le miel qui coule des rayons (Psaume 19.11). Si nous avions réellement faim, nous aimerions même les reproches les plus durs de la Parole.

ii. La religion est-elle la principale préoccupation de notre vie? Bon nombre d'entre nous font passer n'importe quoi en priorité, plutôt que la seule chose essentielle : notre bien-être spirituel. Si les choses du monde nous préoccupent continuellement, et que nous n'accordons que quelques moments ici et là aux choses spirituelles, nous avons là un signe indubitable que notre vie spirituelle est gaspillée. Lorsque cela arrive, nous manquons d'amour envers les autres chrétiens et ne voulons pas nous repentir et rectifier nos voies quand Dieu nous y appelle.

4.   Il est possible de retrouver sa force spirituelle et de porter du fruit, même dans la vieillesse.

i. Personne n'est sans espoir, même si la chute est profonde, mais nous devons utiliser les moyens appropriés pour guérir. Les arbres qui ont vieilli ou qui ne portent pas de fruit reçoivent une nouvelle vie lorsqu'on creuse autour d'eux pour y mettre de l'engrais. Ils ne sont pas déracinés et plantés ailleurs. Certains qui confessent la foi sont allés chercher du secours dans de fausses religions, et s'y sont flétris et sont morts. S'ils avaient eu recours aux bons remèdes, ils auraient peut-être eu la vie sauve.

ii. Nous devrons mettre à mort la pratique du péché et obéir entièrement à l'enseignement de Christ. Nous ne devons pas, bien sûr, tomber dans l'erreur des Pharisiens. Les confessions, les pèlerinages, les jeûnes et les répétitions de plusieurs prières ne nous rendent pas acceptables devant Dieu. Nous devons redoubler d'effort pour repousser le péché. Il est aussi absolument nécessaire de lire les Écritures régulièrement (ou d'en écouter la lecture), d'écouter la prédication de la Parole de Dieu et de veiller et prier pour éviter la tentation. De cette façon, le cœur demeurera axé sur les choses spirituelles et célestes dans ses pensées et ses affections. Toutefois, nous ne pouvons faire aucune de ces choses par notre propre force. Nous ne sommes pas « par nous-mêmes capables de concevoir quelque chose comme venant de nous-mêmes, mais notre capacité vient de Dieu » (2 Corinthiens 3.5). La foi doit obtenir l'aide de Christ dans tous les efforts que nous tentons. Sans la foi, ils seront inutiles et Dieu les rejettera.

iii. Le rétablissement des croyants qui ont perdu leur santé et leur force spirituelles dépend de la grâce souveraine, de l'œuvre du Dieu Tout-Puissant, à la grâce et à l'amour duquel personne ne peut résister. Dieu a donné de grandes et précieuses promesses, dont nous devons nous prévaloir à cette fin. Examinons certaines de ces promesses dans Osée 14 :

Verset 2 : Le vrai Israël de Dieu, son peuple choisi, était touché par les péchés de toute la nation. Osée avait auparavant prononcé des jugements terribles sur la nation en raison de leur grande méchanceté. Mais rien ne peut empêcher la puissance souveraine de Dieu de faire ce qu'il veut par sa grâce avec son peuple. Dieu était toujours « l'Éternel ton Dieu », et malgré leur déchéance, ils ont été invités, dans sa grâce, à revenir à lui.

Verset 3 : Par son prophète, Dieu enseigne au peuple comment prier : « Pardonne toute faute, et reçois-nous favorablement! » Aucun péché n'est laissé de côté. Une fois que le pardon de tous les péchés est obtenu, et que le peuple commence à sentir l'amour de Dieu à nouveau, il désire connaître que Dieu les a librement acceptés et qu'ils ne sont plus sous sa colère.

Verset 4 : Dieu veut une confession complète et libre des deux grands péchés qui ont ruiné son peuple : la confiance en l'homme et le faux culte. « L'Assyrien ne nous sauvera pas […] et nous ne dirons plus à l'ouvrage de nos mains : Notre Dieu! Car auprès de toi l'orphelin trouve la compassion. »

Verset 5 : Bien que Dieu nous rétablisse de nos chutes et nous aime librement, il nous commande de nous repentir, et nous donne la grâce de le faire. Dieu se donne lui-même pour titre : « je suis l'Éternel qui te guérit » (Exode 15.26). La seule cause de notre guérison est son amour gratuit et immérité. Sa guérison comprend le pardon de nos péchés passés et le don de la grâce qui nous fait porter du fruit dans l'obéissance. « Je serai comme la rosée pour Israël » (verset 6).

Obtenir le relèvement de nos chutes et ressentir la beauté et la gloire de l'amour, de la miséricorde et de la grâce de Dieu de nouveau à l'œuvre dans nos vies est une expérience vraiment merveilleuse. Ne désespérez pas de recevoir de tels jaillissements de la grâce. Obtenez-les par le moyen de la foi dans les promesses de Dieu, car elles sont offertes par Jésus-Christ, le médiateur glorieux.

Toutes nos provisions de grâce viennent de Jésus-Christ et de lui seul. « Car sans moi, vous ne pouvez rien faire » (Jean 15.5). « Je suis crucifié avec Christ, et ce n'est plus moi qui vis, c'est Christ, qui vit en moi; ma vie présente dans la chair, je (la) vis dans la foi au Fils de Dieu, qui m'a aimé et qui s'est livré lui-même pour moi » (Galates 2.20). On ne peut recevoir de lui des provisions de force spirituelle et de grâce que par la foi. Il vit dans nos cœurs par la foi, il agit en nous par la foi, et nous vivons par la foi dans le Fils de Dieu. Après nos chutes, il n'y a qu'une seule façon de recevoir à nouveau la vie et être guéri, de telle sorte que nous portions encore du fruit même dans la vieillesse. Nous devons regarder attentivement à la gloire de Christ révélée dans son caractère exceptionnel, dans sa grâce et son œuvre, comme il est écrit dans l'Écriture. Au Psaume 34.5, David dit : « J'ai cherché l'Éternel, et il m'a répondu; il m'arrache à toutes mes frayeurs ». On pouvait voir leur foi lorsqu'ils regardaient à lui, c'est-à-dire à Christ, ou à la gloire de Dieu en lui. Ils ont eu confiance en lui en considérant sa personne et sa nature. Ils ont été rafraîchis par le don de la lumière spirituelle qui sauve. Qu'il en soit ainsi pour nous quand nous regardons au même Jésus-Christ par la même foi. « Tournez-vous vers moi et soyez sauvés, vous, tous les confins de la terre! Car je suis Dieu, et il n'y en a point d'autre » (Ésaïe 45.22). Tout notre salut, incluant notre vie spirituelle entière, dépend de cette contemplation. C'est par ce moyen que nous recevons la grâce et la gloire. « Pour moi, je regarderai vers l'Éternel, je mettrai mon espérance dans le Dieu de mon salut; mon Dieu m'exaucera » (Michée 7.7).

Une vision ininterrompue de la gloire de Christ aura pour effet béni de nous changer de plus en plus à la ressemblance de Christ. Il se peut que nous ayons essayé d'autres façons pour ressembler à Christ, toutefois sans succès. Mettons celle-ci à l'épreuve.

Le plus souvent, lorsque nous sommes spirituellement faibles et que nous ne portons pas de fruit, c'est que nous laissons trop facilement nos pensées être occupées par d'autres choses. Mais lorsque nos pensées sont remplies de Christ et de sa gloire, et que nos cœurs brûlent d'un amour ardent pour lui, nous n'avons plus de place pour rien d'autre (voir Colossiens 3.1-5). Seule une contemplation ininterrompue de Christ et de sa gloire nous remuera et nous encouragera à veiller et à combattre sans arrêt contre les séductions du péché. Faire l'expérience subjective des différents aspects de la gloire de Christ a la puissance de nous faire désirer exclusivement les choses qui lui plaisent.

Pour notre catalogue complet :

www.publicationschretiennes.com

Publications Chrétiennes inc.
230, rue Lupien, Trois-Rivières, Québec, CANADA – G8T 6W4
Tél. (sans frais) : 1-866-378-4023, Téléc. : 819-378-4061
commandes@pubchret.org